SV

Sonderdruck
edition suhrkamp

Sind es Ahnen, die die Luft schwer machen, sich um die Insel drängen? In Gestalt von Menschen, Wolken, Winden, Fischen, Vögeln der Berge, Vögeln der Küste, Zugvögeln und Hochseevögeln, die zum Flirten, Eierlegen und Rasten nach Hawai'i kommen und sich wieder zurückziehen aufs offene Meer?
Die Anleitungen der Vorfahren beschäftigt sich mit der eigenen geistigen und materiellen Vorgeschichte: also Kolonisationsverbrechen. In Hawa'i und zuhause – also wo? In den Büchern? Dier Erzählerni, zu Gast auf der Insel, bekommt von allen Seiten Geschenke: Einblick in die polynesische Sprache, Handschuhe, um Müll zu sammeln, einen *Lopper*, um Dornengestrüpp zu lichten. Im Kopf die alten Helden: Grazer Schule, Kyōto-Schule, Wiener Kreis. Und die Frage: Wie gehen Zuneigung und Verstehen, wenn man nicht dazugehört? Zurück in Europa, blickt sier mit neuen Augen auf die Welt vor der Haustür.

Ann Cotten wurde 1982 in Iowa geboren und wuchs in Wien auf. Ihre literarische Arbeit wurde vielfach ausgezeichnet, zuletzt mit dem Hugo-Ball-Preis 2017 und dem Gert-Jonke-Preis 2021. Sie lebt in Wien und Berlin.

Ann Cotten

Die Anleitungen der Vorfahren

Suhrkamp

Mit Abbildungen von Ann Cotten und anderen.

Im gesamten Buch wird polnisches Gendering benutzt, nach der Regel:
Alle für alle Geschlechter benötigten Buchstaben in gefälliger Reihenfolge ans Wortende.
Mit dieser Maßnahme sollte deutlich sein, dass es bei allen Arten von Gendering
nicht um Korrektur, sondern um das Aufzeigen von Missständen geht.
Gelöst werden müssen die Probleme außerhalb der Sprache.

Dank an Masato Ishida, Johanna Kapōmaika'i Stone

Klimaneutral
Druckprodukt
ClimatePartner.com/14438-2110-1001

Erste Auflage 2023
edition suhrkamp Sonderdruck
Originalausgabe

Umschlag gestaltet nach einem Konzept von Willy Fleckhaus: Rolf Staudt
Umschlagillustration: Ann Cotten
Druck: C. H. Beck, Nördlingen
Printed in Germany
ISBN 978-3-518-02981-7

www.suhrkamp.de

Die Anleitungen der Vorfahren

Ökoschotter

Über diese Trümmer zu gehen macht Mühe,
werfen sie doch die Beine dahin, dorthin,
somit den Körper, der die Beine zusammenhalten muss.
Doch ist das immer noch leichter,
leichtere Arbeit für Individualistennni
– für sie ist eigentlich jede Arbeit absurd –,
als die Steine umzudrehen, zu sortieren, sie
anzuerkennen und in Ruhe gangbare Wege zu bauen.

Gangbare Wege zu bauen implizierte nämlich
lauter – notwendig schotterhafte – Annahmen über
Annahmen über die, die den Weg benützen sollen.
Benützen sollen, obwohl man nichts vorschreiben soll.
Ein Schritt nach dem anderen ist ungefähr das Äußerste,
was man einerm anderen an Gedanken zumuten soll.

Ein Weg ist ein Weg, und ein breiter Weg ist ein breiter Weg.
Er behindert den klassischen Guerillakampf und befördert
– befördert im wörtlichen Sinn –
Massenaufstände ebenso wie die Bewegungen von Truppen.

So entstehen die tastenden Beziehungen,
wo das Nonplusultra in jedem Augenblick erneuert wird
und das Nonplusultra ein unendliches Abtasten des Anderen,
des Körpers des Anderen und auch des Geistes des Anderen ist.
Ökoschotter heißt es von außen, von innen Nonplusultra
oder Spiritualität, also heiße auch dieser Text
von nun an nicht mehr Ökoschotter, sondern Nonplusultra:
für eine Weile, für dieses Symposion.
Weil man sich ja alles
Weil man sich ja alles vorstellen

Weil man sich ja alles auf der Zunge zergehen lassen soll.

Möge es zugehen,
                    im Regen,
                              ohne Gewalt!
Du wirst stehen,
                    im Regen,
                              ohne Not
                                        und ohne Gewalt!
Noch sterben die Unkräuter
                              und bleiben die Steine, die nicht
sterben können: hilflos: Ökoschotter.

Es bleiben die Werke, die Meiler, der Werkspoet geht,
dieser Dreher, in Pension, und das Werk, leer, steht,
kein Werk mehr. Bauwerk. In hundert Jahren: Ökoschotter.

Shelter für alle neu zu entjungfernden Hipster, Pseudovagabunden, Kunstfritzen, Scrollkünstlernnnie.
Das Wort wächst da wie dieser duftende Unwirsch, dier wilde Wehmut.
Das zu nennen ist wie der Wind, der Wolken in unsinnigem Tempo über Berlin hinwegtreibt, als sollten sie nicht zu lang hinsehen.
Lang aber zieht sich der Weg für dien Rucksackträgerni mit Stiefeln.
Wie mühsam ist es, ein Mensch zu sein, wenn man noch nicht verrückt ist.
Zusammenzuhalten die Beine mit Butterbroten und übel schmeckendem Leitungswasser.
Diese unglaubliche Begabung der human race.

Ein Weg ist ein Weg, und ein breiter Weg ist ein breiter Weg.
Er behindert den klassischen Guerillakampf und befördert
– befördert im wörtlichen Sinn –
Massenaufstände ebenso wie die Bewegungen von Truppen.

Das tut jede Wüste – aber übertreibt natürlich,
was auch etwas ist.
Als meist ungenutztes Potential für Massen befördernd die lockere Bewegung, die Kommunikation:
Wie ein Telefon ist ein breiter Weg.

In Preußen fluchte Napoleon über die Klinkersteine,
aus denen die Alleen bestanden, die die Gebeine zu
einem Sack Schotter machten.
Die Straßen sind tiefe, dunkle Fenne innerhalb des preußischen Kalküls.

Im feudalen Japan wurde Untreue verhindert,
im buchstäblichen Sinn konnte sie nicht organisiert
werden, kam man nicht dazu,
weil die regionalen Fürsten alle paar Jahre
in die Hauptstadt reisen mussten.
Ökoschotter – verhindert fast alles.

In einer Art natürlichem Maßstab
– der genauen Mitte zwischen Behinderung und Beförderung –
regelt sich das Tempo auf Kopfsteinpflaster fast von selbst.
Dier Fahrerni lehnt sich träumend aus dem Fenster bei Tempo 30
contemplating obsolescence
contemplating obsolescence
contemplating obsolescence
contemplating obsolescence.

Eine kurze Landung der Suika

Die Suika ist ein ausländerisches Schiff.
Schiff heißt Technik.
Sie ist ein Holzweg, *a stub*. Ein abweichender Strang. Eine
deviante Fan-Fiction der Relativistischen Flotte.
Die Suika ist nicht, sie fährt.
Schrift ist ihr Kondensationsstreifen, Beschleunigung ihr Messgerät.
Die Antriebsart ist Sehnsucht, Hoffnung der Treibstoff der Suika,
nebst einer Art der Fortbewegung, die Gewärtigen genannt wird.
Gewärtigen dient als Notaggregat. Es wird bei jeder
Beschleunigung und jedem Abflauen der Sehnsucht,
mit jeder Veränderung also, wieder aufgeladen.
Weil durch die Veränderung das Ausmaß deutlich wird.
Haha, ihr arbeitet mit Samen, wir mit Rasen –
                        Halt, bleiben wir noch einen Moment hier!
Ich will euch mehr darüber sagen, wie wir funktionieren.

Die Richtung des Schiffs wird andauernd neu berechnet
als Summe aller laufenden Vektoren der Sehnsucht,
sodass wir manchmal lange an einem Ort in der Luft hängen,
nur um plötzlich in eine Richtung loszuschießen,
nur um urplötzlich innezuhalten, weil unter uns manche
einen guten Kontrast über alles andere lieben.
Das Tempo wird bestimmt dadurch,
welche Größenordnung wir wählen.
Kurzfristig befördert uns jede Sehnsucht schnell,
wenn sie gerichtet ist,
aber der mittlere Sehnsuchtswert lässt uns oft effektiv
mit den Kranichen über Berlin kreisen.
                                                Halt, bleiben wir noch einen Moment hier!
Im Zweifel wird die Suika zu einem intensiveren Punkt in der
Raumzeit.

Wir möchten enden als junges schwarzes Loch, wenn Dasein
und *desire* in eins fallen.

Halt noch, noch nicht aufbrechen!

Vorläufig fressen immer noch kurzfristige Begehren und
Einfälle uns auf, schicken uns wieder fort, denn wir dürsten
nach mehr Interesse, weiterem Begehren.

Halt!

Der Rest der Relativistischen Flotte
scheint immer noch an eine Art von Fortschritt zu glauben.
Ihnen erscheinen wir als Gespenst.
Wir hoffen, sie haben recht.

ねー!

Die blassen Gespenster von Ideen sind wir
und erscheinen Ihnen nur, weil Sie können,
weil Sie noch Spielraum haben.

Halt! Zurück!

Sing unser Lied mit, uns gemeinsam zu betäuben,
damit wir verschwinden können,
ohne dass ein Schmerz uns zurückruft!
Unser Shanty geht so:
Wir kämmen Algen, wir schneiden Algen,
wir fahren mit unserer Klinge herum.
Wir beißen bei jeder Kurve in den Staub, ohimè,
Sand kullert immernd durch unsere Kiemen.
Indessen gewärtigen wir,
warten,
schießen urplötzlich los.

Halt!

Wie Haie, ne, leben wir in der Differenz,
atmen, indem wir uns bewegen.
Wir denken wie Winde, an Sachen in Erscheinung tretend
nur und in anderen Medien.
Übersetzen zur Kenntlichkeit dies in jenes.
Wie die Melonenranke, die auf dem Komposthaufen wächst und

mit dem Körper denkt und schreibt,
schwellen wir gelegentlich voller Saft, ihr Messer!

Schau, unser Atmen verarbeitet Algen
und macht mit unserem Kämmen und Gehen
für euch eine glatte Oberfläche zum Schwimmen, schimmernd.
Man könnte Sehnsucht fühlen, unsere Erfahrung auszuwickeln
wie eine Teekanne aus der Vergangenheit.

以心伝心

Tropfen, Spuren:
Jede Erscheinung ist eine Havarie der Möglichkeiten.
Wir sehen nur die Einzelteile,
vermissen die Ruhe der Vergangenheit.
Vermissen ist Denken, deswegen ist Denken so blöd.

Wir fahren. Wenn wir fahren, kommt jemand anders.
Ihr werdet euch schon verstehen. Das hier hört ihr doch auch.
Sprache ist so nice, weil sie so kalt ist, ね.
man hält die Wange daran und hört, wie es in der Tiefe spinnt:
Alles, was an der Welt verwirrt ist, verzerrt ist, ist hier;
wenn man anzieht, beginnt der Knoten zu glühen.
Aus der Antriebskraft durch Differenz
wird eine dreckige Verbrennung, die wir irgendwie lieben
und zur Beschleunigung
wie zur Bremsung nutzen.

Also na gut: adieu.
Tempoveränderung ist ja nur ein Fenster, Blicke Berechnungen,
Scrollen eine laufende Geburt. Navigation hingegen, je nach
Betriebssystem, ein Glitch auf Sicht.
Wenn wir etwas zu uns heranziehen, dreht sich das ganze Schiff,

also adieu!

Wir lyophilisieren uns durch Wortspiele als Portale
für die Ewigkeit, übrigens,
diffundieren unsere Richtungen ansonsten in Übersetzung:
Opazität ist Konstanz, darin afforded die Kontinuität den Anteil
der Transparenz.

Übrigens, der erwähnte Motor heißt *Oxford punting*

ha

ha

ha

Lieber nicht weiter

1.

1907 wurde vom noch jungen Herrn Toyoda
ein kreisförmiger Webstuhl beim Patentamt angemeldet.
Das Modell wurde 1924 erst realisiert
und hatte nie Verbreitung oder viel Erfolg.
Geld machte er hingegen mit dem Schiffchenwechsler,
der den konventionellen Ablauf leicht verbesserte.

Man liebt den Menschen immer, der verbesserte
Versionen von alteingesessenen Ideen oder
Konzepten bringt, im Gegensatz zum Formenwechsler
und gar zu dem, der grundsätzliche Bedenken anmeldet.
Wenn du Glück haben willst, dann gib acht und befolg
die Grundsätze, wie Toyoda Sakichi instruiert,

der ohnehin nicht wenig Weisheit patentiert
hat. Es störte ihn, wie der Webstuhl rasselte.
Er wusste aus Erfahrung, Leistung soll
leise sein, Lärm heißt, Energie geht verloren da.
Er war mit Fehlern sehr vertraut, so schrieb im Text er
der Maschinen tief ein zu stoppen, eh sich was verheddert.

2.

When Toyoda invented the circular loom
needless to say it was a great improvement.
Not only did it take up much less room,
with its so well-contained circular movement,
no energy was lost with braking and acceleration;
humans around it seemed to be mere decoration.

But people said it was a train without a station
as they stood admiring the new circular loom.
Circadian, said one, of life a celebration,
of death, another. No space for improvement.
Circular cloth poured out and filled the room,
wiping up worries with a quiet, smooth ment-

al image of weaving a revolution
that would change how people take deviation:
a way of drawing closer on the one side
of the room, which is the other side
of the loom. Swiftly passing around, the movement
of your precision is a declaration

of purpose, like the statutes of a nation
you build, by alternation, on with every revolution.
Such clear intent should purify the movement
with total focus, in close up and radiation
of purpose; without beating back and forth,
acceptance of the world's works, shining like the moon.

Delirium oder Gerontophilie

Die Willkür alter Männer ist wie ein Schaf im Schafspelz
in einem Gabelstapler.
Die Willkür alter Männer ist wie ein alter Freund, der auf der Ferse
umwendet,
um dich nicht zu treffen.

Die Subjektivität dieser alten Männer
ist, mag schon sein, ein Riesensackerl Altglas.
Aber durch dieses Prisma
schauen alle anderen alt aus.

Die Willkür und Subjektivität alter Männer
ist wie die alter Frauen
nur ohne Gefahr für sich selbst
und mit einem Urinbeutel für die Würde.

Die Willkür und Subjektivität alter Männer
nutzt Vorteile automatisch
wie ein selbstgesteuerter Gabelstapler,
auf dem jemand sitzt und labert.

Die Willkür und Subjektivität alter Frauen sitzt in Löchern,
neben denen je ein Hase mit einer Eisenstange wartet.
Sobald die Frau den Kopf herausstreckt: Bang.
Dieses uralte Wissen tragen die Frauen mit sich,
auch wenn sie in Etagenbüros wüten.

Die Willkür alter Männer sitzt auf Panzern und Maschinengewehren,
und man weiß nicht, ob sie damit umgehen können,
oder nur jedne erschießen, dier daran zweifelt.

Ja, ich erwäge wieder Greisenliebe,
hielt gestern eine fette Pranke in der Hand.
Monströser Körper, ein feiner Verstand,
das heißt, ich saufe wieder ohne Maß;
ich würd ein Pferd vögeln, wenn es mich ließe.

Ja, ich erwäge wieder Greisenliebe:
Was kann denn sie dafür, dass ihre Zeit vergeht?
Ich kann die Zeit spüren, ich kann die Zeit sehen
und habe keine Angst mehr.
    Habe keine Angst mehr.

Es ist nicht lustig, es nicht zu erwägen.
Davon geht gleich der ganze Himmel zu.
Ich werde Greise lieben, bis sie mir die Arme absägen.
Ihr leeres Wort ist köstlich wie ein Kuss. Wenn sie
auch nie so reden, hör ich klar im Ton von ihren Augen:
Du bist so köstlich dumm, bald bist so alt auch du.

Wie schnell die Zeit vergeht – ich treib sie an mit Peitschenhieben.
Wie eine Kreisel eiert sie durch Gegend.
Da stehen Häuser, fallen Menschen, fallen auf und zu.
Wir werden fallen, doch wir fallen bitte redend.

Schon meine Eltern haben mir verheimlicht,
wie wenig älter sie waren als ich.
Längst hab ich überholt die blassen Schemen.
Und wie ein Porschefahrer auf der Autobahn
gerate ich in Fahrt und seh am Horizont
Mercedesse, die, schon im Lasso meines Auges,
beschleunigen – vergebens, denn ich komme mit.
Ein Handschlag zwischen rasenden Elektrofenstern
und ein depperter Tod ist beiden sicher,
wie auch den anderen um sie herum.

Was blitzt das Auge so? Es lockt mich als Gewitter.
Der ist nicht nichts. Der hext. Es kehrt hier niemand um.
Ich als Gewitztre bitte um Verzug:
das Wetter besser in die Länge ziehen!

Exquisite Distortion, Schluss mit Proportionen!
Enten, Nornen, Schablonen und Mormonen
begieße ich mit nasser, nasser, nasser Liebe
und in der Nacht –
                                        Es kommen keine Diebe!
Nein, in der Nacht, höre, Catull:
                                        Das sind nicht Diebe!

Und wieder geht ein Holzfäller vorbei.
Ich schaudere im weißen Samtsakko.
Er schüttelt sich beim Stiegensteigen, hebt das Kinn
wie jemand, der noch nicht lange in seiner Haut drin
steckt,

und wieder geht ein Holzfäller vorbei
mit Augen wie ein junges Reh,
schlank wie ein heller, junger Wald,
und sieht mich nicht mal,

und ich erwäge wieder Greisenliebe,
die Liebe von Greisen, die Liebe zu Greisen,
es ist, wie eine Erdnuss zu sein auf den Gleisen
der Evolution.
        (Einschub Ami-Volxlied:
        … endet mit *Peanut Butter*)
Und ich erwäge wieder Greisenliebe.
nichts zieht mich mehr an, außer Alpen zu besteigen,
sie bleiben, wo sie sind, gehalten von Gedanken,
die sich seit Urzeiten schon in den Boden graben,

sodass sie schwanken, doch sich nicht bewegen,
wenn man dann flieht, fotztropfend, durch den jungen Wald,
und mit den Gänsen oder mit den Krähen zieht.

Leute, die älter sind als ihre Schuhe,
haben ein übermäßiges Atomgewicht.
Das sticht dir in die Augen, wie sie auch verständig wegschauen.
Und ihre Aufrisssätze sind nur Schaum auf Wellen,
die voller Dreck sich wehen an den Strand,
geistesabwesend, letztlich. Letztlich immer arm.
Ich gehe dann so frei, so Muskel, wie ich kam.
Denn ihre Muskeln, die erkenne ich nicht an.

Und wieder geht ein Holzfäller vorbei,
auf seinem Rücken eine junge Kuh,
kuhäugig blökend. Hier wohnt Gott
als dunkles Potential, wie ein Schlauch Wein.

In den Augen, mein ich.
Pupille is Pupille, schau is schau,
Haxn stellen is Haxn stellen. Du warst doch selber da.

Nur die auf Augenhöhe an den Spielplatzwippen lungern,
nachdenklich Blicke meiden, die nach Sprüngen hungern,
gleichauf, gleich blöd, gleich alt, gleich angstgeritten,
gleich fern, groß, gleich bei dir und dann gleichwohl gelitten,
kooperierend, kritisierend, atemlos vor roher Lust zugleich,
die Dreißigjährigen mein ich mit ihren bescheuerten Ideen,
mutig und hohl, verzweifelt schon, verrottend in Aktion,
die Zombies, geil aufs Händehalten, Biere schüttend schon
und Maschen bindend und sich lösend,
in Klamotten alt und neu,
den Täuschungen der Mode frisch entstiegen,
wie Putten diese Dreißigjährigen, Soldaten von Napoleon,

bereit für neues Leben: Meine blinden Kameradennni,
arbeiten wir. Verabschieden wir uns dann gegen Abend.

Anleitungen

Nicht, dass seihrne Vorfahren alle völlig blöd gewesen wären. Oder bösartig. Aber etwas geht verloren, wenn man die Netzwerke verlässt, die man sich, in denen man sich nicht ausgesucht hat. Kontinuität lehrt ohne Worte, durch Ekel, Überdruss und den langen Weg davon weg. Worte können das nicht ersetzen.
Das Verhältnis zu anderen soll aufrichtig, aber illusorisch sein, dann geht was weiter. Die Maschine bleibt in Bewegung, solange ein Fehler ist, und es ist immer einer. Denkt sier sich, könnte man denken.
Vorfahren erklären nicht, warum etwas so und so gemacht wird. Ist auch über die Jahre verzerrt eingesackt. Jedre will weg von ausgelaugten, von Generationen eingeschleimten Problemen und verkeilten Unwägbarkeiten. Weg von der Insel, weg aus dem Dorf.
Sehnsucht baut sich auf, denkt sier sich, wie die scheinbaren Sprungfedern der Samenkapseln des Großen Springkrauts, *Impatiens noli-tangere*. Es sind keine wirklichen Sprungfedern, hat sier gelesen, aber es fällt ihrm schwer, seihrne jahrelange Vorstellung abzustellen. Darin schon wieder identifiziert sier sich mit der reaktionsfreudigen Kapselreife. Die Idee ist nicht abzuschütteln, dass hier wie bei lockigen Haaren ein ungleichmäßiger Wuchs für die Spiralspannung verantwortlich sei, ein Zug, eine Neigung, eine Tendenz. Ein Überschuss an Bildung. Es kringelt sich schon in der Kapsel; in der Kapsel kringelt es sich schon. Und dann streift ein vorbeigehendes großes Tier an, die Schalen fallen auseinander, alles fliegt und fällt an neue Stellen. Die Samen und die Streben, deren verspannter Zusammenhalt sie einschloss/schützte. Die Sprungfedern werden in den Boden integriert, wo sie gefallen sind. Ihr monatelanger tendentiöser Aufbau war nur dazu da, diesen Moment zu ermöglichen, könnte man meinen. So eine narrative, so eine dramatische Blume. Manche Leute gehen mit ihren abstehenden Daumen und ihrem Zeigefinger von Kapsel zu Kapsel. Vielleicht gefällt ihnen die Fantasie, sie lösten

reihenweise mit ihrem zarten kausalen Zugriff Orgasmen aus. Oder es gefällt ihnen, dass es dadurch so aussieht, als hätten die Kapseln auf sie gewartet.
Sier hält die feuchten Kringel in der Hand. Monokausale Erzählungen erzeugen ein leichtes Gefühl der Enttäuschung. Noch eine.
Selten und wie ein Witz, dass die Bewegung einer Pflanze schnell genug ist, um mit Tieren zu spielen. Die Bewegung durch Wachstum ist für unsere Begriffe eine andere als die durch Muskelkontraktionen und Hebelwirkung, welche uns umkehrbar scheinen. Die Müdigkeit müsste man aber ernster nehmen. Umkehrbar ist auch hier in Wirklichkeit gar nichts.
Wenn sier die Annahme, dass die Explosion der Zweck oder Sinn der Spirale, des ungleichmäßigen Wachstums gewesen wäre, erkennt und weit von sich schleudert, dann sieht die Fortpflanzungsmethode plötzlich wie ein Unfall, ein Nebenprodukt, eine Kapitulation aufgestauter Sehnsucht aus. Schatten lauern in jeder Kapsel, während die Laubschatten auf ihnen tanzen. Ein Schatten auch die Identität, wandernd über den Tag, sich legend mit wechselnder Reichweite über Wiesen, Wunden, noch nicht aufgebrochen oder schon zugewachsen, um das zu erkennen, bräuchte es einen anderen Blick. Global verbunden. Verschmiert, die Identität, auf einmal, sichtbar und störend, ein Insekt auf einer Windschutzscheibe, 汚れ, eine Kontamination, ausgegossen, was ein geschlossener Kreislauf bleiben sollte. Der Punkt ist nicht, dass sier im falschen Geschlecht, in einer absurden Kultur, auf einem in Bescheuertheit eingelegten Kontinent geboren wurde. *Dass* sier geboren wurde, ist grundfalsch. Sier kennt es aber auch nicht anders. Über die Falschheit oder Richtigkeit der Geburt anderer möchte sier sich keine Gedanken machen. Manchmal kratzt es siehn auf, wenn sich andere ganz richtig vorkommen. Das ist alles. Also nicht fragen: Warum Hawai'i?
Nicht weil im Pass der Mutter als Geburtsort Honolulu steht. Oder weil dort das Ost-West-Zentrum für Vergleichende Philosophie ist. Sier hat eine Stimme gelesen, deren Ton sier vertraut. Ein künstli-

ches, einfaches Englisch, in dem das Akademische mit dem Alltäglichen fusioniert und darin mit einem nonchalanten Respekt für alle glüht. Ruhig, logisch, wie selbstverständlich.
Reiner Zufall. Liebe auf die erste Lektüre. Eine Faszination, aus der nichts folgen müsste, aber sier ist wieder einmal ergriffen von der Möglichkeit, doch in die Welt zu passen. Verknallt wie nur, wenn das Schicksal ihrm einen offenbar endlich mal richtig getroffenen Wunsch von den Lippen zu lesen scheint. Sier weiß, dass sier so etwas geradezu vermeidet, als würde sier am Heimweg trödeln. Noch mehr von der Welt sehen, bevor sier seihrnen Platz darin findet. Sier lacht also, wenn man siehn fragt. Hawaiʻi, da malt sich jedre schnell etwas aus. Sier malt sich nichts aus, sier wird ja dann dort sein.
Ein halbes Jahr ist sier Mithörerni im Internet. Abends verschwindet sier aus seihrnem Leben in Europa und findet sich am anderen Ende des Globus pünktlich ein. Sier teilt einen Kellerraum mit drei anderen, die meist auf eigenen Reisen sind. Jeden Abend rast sier durch die Stadt auf dem Rennrad dorthin, Musik hörend, auf der Straße schon fast nicht da. Sperrt das Rad ab, schließt die eiserne Kellertür zum *shared space* auf, lässt sich ins kühle Verlies wie in ein Solebad hinein und beginnt, woanders zu sein.
Inductive Logic 111, Hawaiianisch 101. Die Lehrerin akzeptiert siehn als Gasthörerni unter der Bedingung, dass sier lebenslang dabeibleibt. Sofern sier alle vorschlauen Gedanken ablegt und den Anweisungen folgt, ist es ganz einfach.
Die Schülernnnie müssen jederzeit anwesend, schnell, akkurat, aufmerksam und freundlich sein, steht im Syllabus. *Sie müssen nicht übermenschlich intelligent oder fleißig sein oder sich in der Freizeit vorbereiten. Es geht um absolute Präsenz im gemeinsamen Raum.*
Als Erstes wird grüßen gelernt. Die Formeln müssen korrekt, mit Hingabe und charmanter Gestik ausgeführt werden. Das ist, weil jedre Schülerni Teil eines kollektiven Sprachkörpers wird. Verstehen? Du verstehst mit dem Körper.
Die Schuld ist zu groß, um ans Zurückzahlen zu denken, so groß, dass Kleines und Großes perspektivisch in eins fallen. Ob sier für

die Korrektur eines falschen Ausdrucks dankt oder dafür, überhaupt hier sein zu dürfen, weiß sier selbst nicht. Sier begreift, warum in manchen Sprachen nicht danke und bitte gesagt wird: Es versteht sich von selbst, es auszusprechen könnte täuschen, Idiotennni könnten auf die Idee kommen, es wäre etwas damit quittiert und sie wären eine Schuld los. Aber Schulden sind das Leben. Sier kann der Lehrerin nichts zurückgeben – und die Lehrerin ihrm nie seihrne Fahrigkeit und Nachlässigkeit verzeihen. Auf Arbeit antwortet nur andere Arbeit, insofern ist es keine Antwort, sondern ein Fortspinnen, der Kreis der Schulden ist global. Über Zeit wird sich zeigen – wem, freilich? –, ob es das Erblühen einer Erkenntnis in Form von Verhalten wird, *planetary manners finally*, oder ein Verkümmern im Etablierten, weil alle zusammen nicht stark genug waren, die Veränderungen in einem neuen Momentum zu verankern. Getrennt wird dann geweint, ungetröstet, untröstlich.

Auf Dank jedenfalls wartet keinre. Anerkennung ist der Beginn, nicht das Ende. Sier muss Boden werden, auf dem, was werden soll, sofort und unaufhaltsam sprießt.

Aber sier ist ein Kind von Asphalt.

Das wissen, sich auf die Lippen beißen. Seihrn *mind* ist ein Presslufthammer.

Theoretisch ja. Aber du wärst dann nicht da.

Du wärst ja ein Schälen von Hülsenfrüchten,
ein Schaben von Nadeln. Du wärst ein Träumen
von Verarbeitung, von Tempo, von Zeit, Zeit
deiner Finger, deiner Gicht, deiner Richtigkeit,
deiner Kinder, deiner Träume, deiner Jahre,
dem Pulsen und Fluten vom Blut,
deinem und dem der anderen.

Eine Aushöhlung in einem Stein, du und der Fluss,
pas de deux dröhnender Stetigkeit,
wie das Arbeiten am Fluss dir eine Mulde in den *mind*
streicht wie ein Tier in der Dämmerung zum Hausen.

Die Absicht schläft und die Vertiefungen,
geschabt, um wiederum zu schaben,
auf den Fokus fallen zu lassen,
werden, was sie sollen, von selbst,
wenn der Arm sich in den Anleitungen weiß.
Du arbeitest deinen Geräten zu
und träumst von Monokausalität:
einer großen, fleischigen Blume.

Erosion

Denkt an Ahnen, die nicht blutsverwandt sind, deren Spuren sier an den Flüssen in den USA sah; die Art von Ahnen, deren Wissen sich im besten Fall über Aufmerksamkeit übermittelt; sodass sier von Unverwandten, von denen sier nur eine Aushöhlung in einem Stein kennt, die Bewegung lernen könnte, wie man das macht. Aber ist es nicht Augenauswischerei? Was fängt sier an, wenn sier es auch einsieht, mit traditionellen Lebensformen? Wie normal leben, wo Frauen und Männer getrennte Aufgaben haben, wo man der Familie nicht entkommt und das gut finden soll? Wo man Anleitungen befolgen muss, bis man Jahrzehnte später sich schon selbst mitmeint, wenn man das System der Anleitungen gutheißt? Fragt und ist fern davon, auch nur die eigenen Anleitungen zu befolgen. Gehorcht nur dem Wind, den Grillen, der Witterung, dem Zufall, den Sachzwängen. Gegen Kreativität ist sier auch. Für das Nötige, für die Momente, in denen sier es hört. Und es stockt ihrm der Atem, als die Lehrerin mahnt, nicht irgendwie auf eigene Faust Sätze zusammenzubosseln. *Du gehörst der Sprache, nicht sie dir.* Es ist, als ginge ein Vorhang auf und sier merkte, sier steht auf einem belebten Weg. Sier steht im Weg. Von der Physik lernen. Muss sier erst einsickern? Zum lebenden Gespenst werden, also sich ein bisschen darstellen? Lernen, sich in der Familie frei zu bewegen? Dann sehen sie siehn in 3D. Dann ist sier nicht mehr die fadenscheinige Tante, dann stinkt es schwefelig nach Konflikt, und man kommt auf der anderen Seite der Sache wieder heraus.

Die Familie wird groß sein, so groß, dass in ihr alle Vielfalt zu finden ist. Die Familie wird Tote und noch nicht Geborene einschließen, also ein Element von Spekulation; auch Tiere, Pflanzen, Reste, Steine, Ideen. Die Familie wird die ständige Veränderung ihrer Substanz und ihrer Werte kennen. Sier wird realistisch sein. Das Rebellieren wird ein Coming-out sein: da sein und mitarbeiten, keine neue

Rechthaberei. Eine Ausweitung, keine Verbesserung. Woanders gibt es nicht, Flucht sinnlos.
Das Lächeln sitzt nicht, aber es wird ihrm im Unterricht aus der Hand genommen und als kollektiv geformtes zurückgegeben. Was auf seihrnem Gesicht in Erscheinung tritt, stammt noch aus der Zeit, als es ihrm um Anerkennung des Schlimmen ging. Sier hatte immer den Eindruck gehabt, von debilen Euphemismen umgeben zu sein, wollte sich transparent machen für Grauen und Dämmerungen. Durch die Mischung und die Unmöglichkeit, ästhetisch der Demographie zu entkommen, erscheint, wenn sier lächelt, knicksend die Fratze einer *angry white lady*, eine Narbe der globalen toxischen Debilität. Sier braucht Gesichtsballett, eine Schule sinnvoller Tänze, oder vielleicht ein scharfes Messer, bis seihrne Mundwinkel die melancholischen Weiten des Kosmos evozieren, wenn sie sich im Liegen schon aufwärts krümmen. Wie die Mundwinkel mancher Leute, die man für dieses zufällig getragene Zeichen der Schicksalsgunst beim bloßen Anblick liebt. Sunny side up, wie Stücke Tintenfisch auf dem Grill, über Kreuz eingeschnitten, wenn groß und zu glatt: Oxidation, mehr Fragilität und Verderben, um zugänglich und wohlschmeckend zu werden, vom eigenen Saft getränkt und zugleich von der Sauce aus fermentierten Pflanzen. *Ika ni shite mo.* イカ、以下、ま、良いか。
Auch wenn es weh tut, die Wortspiele kann sier nicht lassen, sie bevölkern seihrn Leben und machen die Wirklichkeit löchriger. 何? *nani* 何 heißt in seihrnem japanisch lernenden Herzen ja schon lange »was«. Jetzt blüht da ein Wortspiel, eine Warze, ein Portal in eine weitere der vielen Sprachwelten, mit Schwingtür. Wenn jemand sagt: *Nani ke kalo,* schön ist der Kalo, dann hört sier wie einen Backgroundchorus: Was ist denn der Kalo? Wenn jemand auf Japanisch »Häh was?« sagt, »何?«, dann würdigt sier jetzt die Schönheit dessen, wonach sier fragt. Wortspiele sind kleine Quellen, deren Ort sier kennt. Über die Wiese gehen, wissen: Hier, hier und hier kommt es nass hervor. Ein Loch im Boden, da geht es bis nach Australien. Als Kind wusste sier, dass das Blödsinn sei.

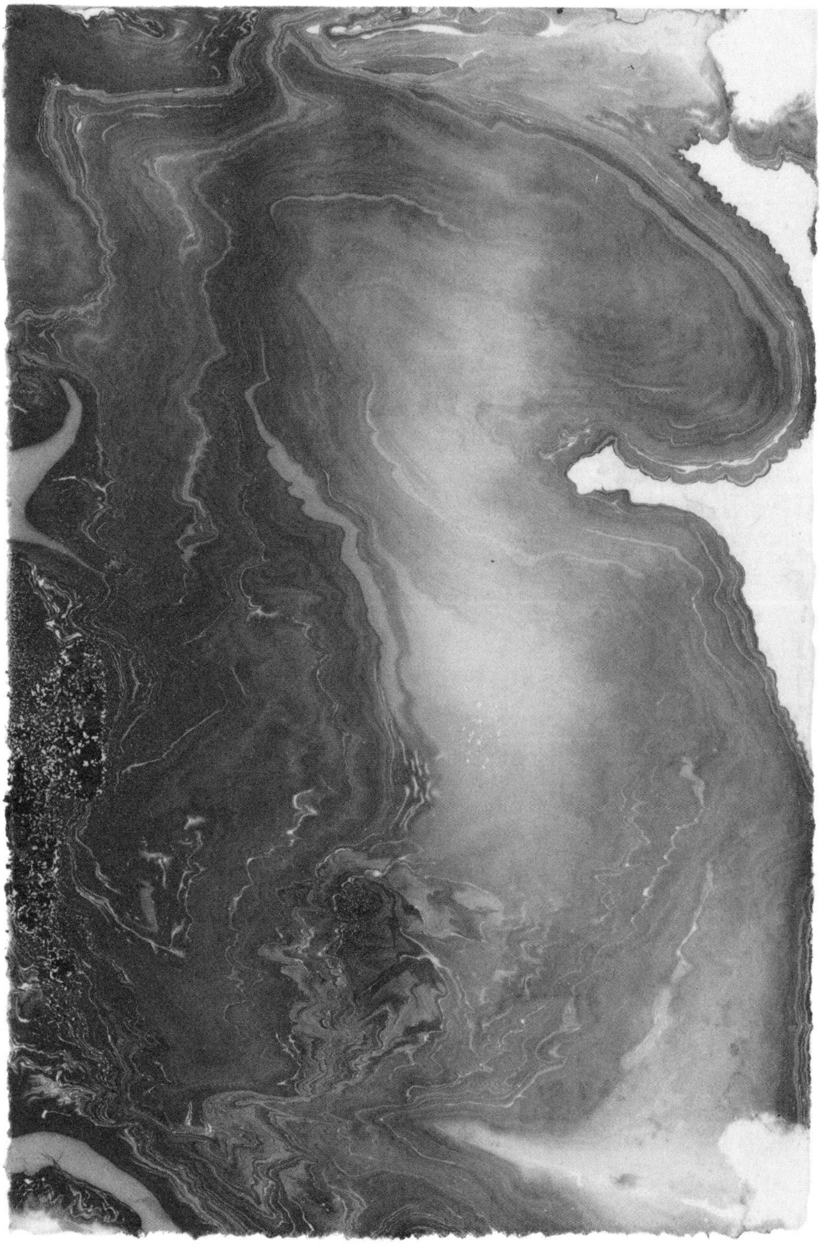

Das Salz der Erde

Watsuji 和辻 schreibt: 己れを見だす,
und ich weiß nicht, ob er *ore* (mich), *onore* (sich selbst) oder *odore*
(dich) meint, *o midasu*, in den Blick zu nehmen.
Stünde nur Lautschrift, könnte man auch 乱す lesen, verwurschteln,
durcheinanderbringen.
We are still very confused, sagt die Lehrerin.
Was tun also?
No sweat, no salt, 塩がない *stoppit! jis stop o.k.?*
Hegel-Lexikon aufschlagen,
finden das Lemma »Sein« (存在、あるいは有),
suchte aber das Lemma »Selbstbewusstsein«,
diese sich selbst beäugende Schlange von oben,
mit unbelecktem Auge kaum zu unterscheiden von
已に (*sude ni*), schon zu spät.

Im Flur auf dem Weg dahin den drei *nasu* 茄子 begegnet,
drei riesigen Melanzani,
am Vortag in Floridsdorf auf dem Markt gekauft.
Wollte nicht heim und dachte, komm, machst einen guten Anfang,
mit gutem Willen
und drei bowlingballgroßen Melanzani …
Auf Japanisch ist es ナス (*nasu*), mit scharfem S,
aber ich schneide die Kurve und merke es mir mit Ovid,
Publius Ovidius Naso, dessen O so rund und schwarz ist. *Na so-*
was,
wird auf solche Ausführungen entgegnet.
nasasō なさそう: Schaut nicht so aus, als ob es so wäre.

Meine Witze sind unwahrscheinlich,
schwer nachzuvollziehen, Gefallsucht am falschen Ort,
Unwucht, um den Humor aufzuwiegen.

Aber beschwer dich nicht.
Wie lange hast du gebraucht, das Wort *para* zu verstehen?
Wenn man Salz reingibt, will man immer weiter essen.
Wenn dein Text wirkt wie eine Übersetzung, können die Göttennni
eine Nacht ruhig schlafen.
Leserni muss die Wörter freilich schon kennen,
damit der Sinn hallt – sieh an, was dich killt –

Hör auf, es reicht.

Zieh den Vorhang zu
mach das Licht aus
sei hier

Zu viel denken

Sier denkt *Arizona,* sier denkt an Roxy Music und fragt sich, was *Roxy* heißt, etwa für Freundennni des Schotters – ein Zustand? Sier denkt an das Hochplateau in Yavapai County und den Fluss mit dem falschen Namen, der sich durchfräst. Sier erinnert sich an die Abbruchspur jenes quirligen Felsens, die einem Kind im Fallen ähnelte, die offene Frage, ob nur sier das sah. Das Gespräch im Netz mit der Dichterin Tacey Atsitty, wo Atsitty sagt, sie kenne von ihrer Gegend jeden Stein und sie würde niemals Geschichten zu Orten erfinden. Es gibt Wissen da draußen, auch wenn es von niemand gewusst wird. Zögerlich denkt sier näher. An die Donauinsel, die aufgeschüttete Absichtslosigkeit, die langen Sommerwege dahin, den Willen und dessen Verlorenheit in der heißen Luft. An den eigenen Willen wie an von der Donau rundgeschliffene Kieselsteine, in der Hosentasche herumgeschupft. Je näher sier kommt, desto furchterregender erscheint die Frage.

In Arizona, everything is nice

Deckel gibt es zum Schmeißen, sie zeigen dir die Wand,
zeigen dir, wo sie landen, wo das Schiff ist.
Die Lichter sind jetzt nah und dim, eine Art von Reverenz.
In den Spiegeln spiegeln sich immer nur die anderen.
Selbst ist ein Vexierspiel, ein Greis oder ein Gespenst. Francis
Bacon, angebraten, ringelt sich auch, zweideutig, aber die Fäden
sind trocken und reißen zu schnell, Nacktschnecken im Salz, in
einer einzigen Chance, einem Blick, dem zu langsam
die trunkenen, trockenen Zungen, und Meinungen, und Lieder,
jetzt, schau, vorbei.

Ethik · Beim Ausradieren von jemand anderes Anstreichungen in einem Bibliotheksbuch

Da sein. Wochenende. Wien, Alser Straße, die Parkbank, an der sier oft vorbeifährt. Heute hat sier ein großes, rotes, Star-Trek-mäßiges Kleid an. Sier dachte, sier sei stark genug für einen Tuntentag, und hängte sich auch noch die riesige, von der Tante in Arizona gehäkelte Boa um, die wie ein Nudibranch aussieht. Nudibranchia, auch Nacktkiemernnnie genannt, sind Hinterkiemernnnie, Unterwassernacktschnecken. Bei jeder kleinen Handlung denkt sier jetzt, dass man siehn wahrscheinlich als leicht irre Dame wahrnimmt, und derartige Gedanken bestätigen sich bekanntlich von selbst. Es fällt ihrm ein, wie sier, als sier älter wurde, auf einmal begriff, dass die flamboyanteste Tante in Wirklichkeit ein sehr unsicherer Mensch sein dürfte. Daher also die Blüten.
Sier will nicht nach Hause, sitzt hier auf der Bank. Kann man nicht überall lesen?, sagt sier sich und fühlt sich doch, als würde sier in der Öffentlichkeit eine Obszönität begehen, als müsste sier den Schutz einer Bibliothek suchen. Aber sier sitzt weiter, schamlos sozusagen, schlägt das Buch auf und liest 和辻哲郎 *Watsuji Tetsurōs* 倫理学 (*Rinrigaku*, Ethik) in der Übersetzung von H.M. Krämer. Japanische Wörter sind alphabetisch transkribiert, und die Sinnlosigkeit dieser Praxis kratzt siehn auf, was soll jemand mit dem Klang allein anfangen? Sier nagt an den *rōmaji* wie ein Zombie an der Unterseite eines Grabsteins, muss beim Lesen zwanghaft die Schriftzeichen gedanklich nachliefern, oder eben nachschlagen, was bei Namen und Homophonen manchmal in langwierige Spekulationen mündet.
Vielleicht muss sier akzeptieren, dass das tatsächlich die Tätigkeit einer leicht irren Dame ist. Diese Dame werden. Selbst meint sier zu verschwinden, in der Tätigkeit aufzugehen, aber in Wirklichkeit sitzt sier immer noch da. Ist es nicht genau das Siegel des Irrsinns, die Liebe zum Fahrtwind mehr als zu anderen Menschen?

Jemand hat in diesem Buch wüst angestrichen. Vielleicht zieht das Thema Ethik solche Leute an. In letzter Zeit hat sier hin und wieder, wenn es zu arg war, solche Anstreichungen selbst ausradiert, um den Text lesen zu können. Dabei bedauert sier den Zeitverlust, aber, ehrlich, man macht noch viel größeren Quatsch.
Es braucht viel Kraft und Konzentration, um das Papier nicht mit einem Schwung radierend zu vermantschen oder gar zu zerreißen. So bleiben Versuche, dabei einen beabsichtigten Gedanken ganz zu verfolgen, abgerissene Fetzen. Gesichter, halbe Namen tauchen auf und sind wieder weg, bevor sie voll da gewesen sind. Teichkarpfen, an ihre Anwesenheit erinnernd, Halbwissen. James'sche Schemen.
Während sier radiert, merkt sier, dass sier hier unter völliger Absehung vom sogenannten Inhalt die Intensitäten eines fremden Lektüreprozesses nachvollzieht. Physikalisches Rendering eines Sinngebungsprozesses, wie eine Gehirnstrommessung oder als würde man die Funktionskurve einer Lektüre wahrnehmen. Nur die Erregung wird verzeichnet, warum und weshalb ist weg. Es ist wie Reden über Emotionen ohne Kontext. Affekt – Affekt – tönt es in seihrnem Kopf, als sier die Gummibrösel von der Seite fegt. Dabei fühlt sier nichts, nicht einmal Bedenken wegen Umweltverschmutzung.
So nehmen wohl andere Leute einne wahr. *Irgendwas bewegt sie,* könnte eien Passantni denken, falls seihrn Blick auf dien öffentlich Radierendne fällt. *Irgendwas ist ihr total wichtig.*
Jetzt hat sie das Interesse verloren.
Was ist denn so kränkend daran, als Dame codiert zu werden? Sier will es vor der Tür klären, wenn Leute in Servicejobs siehn höflich gemeint mit »die Dame« ansprechen. Sier verkneift es sich dann, aber fragt sich, womit sier das verdient hat. Sagt sich, dass die Leute in diesen Jobs einem idiotischen Protokoll folgen müssen und man ihnen nicht noch auf die Nerven gehen soll. Aber begraben wir einander dann nicht vollends? Sind es nicht genau derartige Resignationen, die einne zur Dame formen? Eingeweicht von Leid steige man aus der Dame wieder heraus wie aus einem Raumschiff, die ersten Schritte auf der Erde als Zombie, die Schreie der Lebenden mit Befremden

betrachtend. Was schreien sie und rennen sie, wo es ein Grab ist und man als lebendig Begrabenre besser still liegen bleiben sollte, um das nicht zu spüren? Sier weiß, dass hier nur mit den »Waffen der Frau«, mit Charme und guter Miene Lust und Lebhaftigkeit der anderen erkämpft werden. Aber wie jemanden erfreuen, wenn die Werte so auseinandergehen? Sier sieht die jungen Überheblichen mit ihren frisierten Bärten und ordentlichen Sweatshopkleidern, die das gar nicht so meinen, die ihren Ton nur irgendwie aus dem Internet kopiert haben. Sier sieht sich selbst und das Privileg, das sier allein schon mit ihrer überschüssigen Aufmerksamkeit ausstrahlt. Natürlich verweist der Ausdruck »Dame« siehn an seihrnen Platz: Du Kundnie. Kundnie meines Bosses. Willst du jetzt ein halbes Mischbrot oder nicht? Es war ihrm nicht klar, dass die Herstellung einer undurchdringlichen Klassenhierarchie auch in seihrner Gegend so fortgeschritten war. Oder nur in seihrnem Gesicht? Es musste passiert sein, während sier an der Uni oder auf Reisen war.
Als Kondensation der Erkenntnis tropft eine heiße Träne herab, kullert die Fortbewegungslungen des Nudibranchs entlang. Leute, ich verschatte euch den Tag, oida! Eine zweite fällt auf die Seite des Bibliotheksbuchs, auf das Büttenpapier aus den 90er Jahren, das sich sofort ansaugt. Die Dame weint. Sier muss kurz warten, bis das Papier trocknet, um weiterradieren zu können. Das Meereswunder ist aus Kunstfasern und saugt nicht.

Nach dem Anfall auf Seite 5, wo mehr als die Hälfte des Textes unterstrichen war, ließ dier Vorgängerni mit dem Bleistift zwei Seiten weitgehend in Ruhe, um dann die restlichen Kräfte auf Seite 8, 9 und 10 zu verausgaben. Von da an ist das Buch unberührt.
Wenn sier Texte liest, insbesondere Texte für Spezialistennni wie eben philosophische Texte, dann ist sier am Fischen, nicht am Angeln. Wie Hochseefischernnnie, die in ganz ferne Gewässer fahren – bis unklar ist, wohin sie den Catch eigentlich zurückbringen sollen. Die Crew begreift: Man ist zum Geisterschiff geworden. Den Umbau des Schiffs besorgten die Zeit und die tägliche Arbeit. Durch den

Umstand der Hochsee wurde der Unterschied zwischen Fischen und Gefischten etwas kleiner. Fische nur so viel, wie du brauchst, ist die Logik, die der von Stromkreisen gleicht. (Aber was genau heißt das fürs Lesen?) Du hast keinen Heimathafen, wo du deine Mitbewohnernnnie an hortende Landbewohnernnnie verkaufen kannst. Deine Beute lebt wie du im Meer und die Kollegennni sind immer um dich herum. Dass ihr einander fresst, ist ganz natürlich, aber systematisch an andere verkaufen, das macht man nicht. Vergiss die Idee von einem Zuhause im Inland, einem Anker, so weit weg, dass er nur in deinem Kopf ist. Dein Zuhause sind die, die dich ernähren, die deine Socken stricken, dein Wasser klären, deine Sportschuhe zusammenkleben. Insofern ist dein Zuhause nicht o. k.

Am nächsten Tag entlehnt sier die deutsche Übersetzung von Watsujis berühmtem Werk, 風土 (*Fūdo*, Klima), um sie mit dem Original und der englischen Übersetzung zu vergleichen.

Sier schlägt das Buch auf, und es ist ganz schwarz vor Unterstreichungen. An den Rändern parken doppelte Linien. Um diese mit besonderen Emphasen zu versehen, wurden noch so etwas wie stilisierte Dampfwölkchen hinzugefügt.

Im Misanthropiemuseum

Töpfe!
Augenhöhe –   Scherben!
All diese Kellen und Ideale,
eingebildete Heiler, Heile-Welt-Bonzen,
getrocknete, geriebene, gestampfte Hülsen,
gesiebte Kerne, genossene Frucht, verwertete Bälger,
Leid, Leid, Leid, Schönheit durch Grausamkeit,
überaus kleine verlogene Fenster.
Grundlagen über Grundlagen.
Und üble, verschissene Ahnen,
neidische, schrumplige Männchen.
Wiederkehrende Muster auf Töpfen.
Wichtige Erfindungen, die nicht neu sind.
Einige herausragende Persönlichkeiten knietief im Plural.
Perlen. Säulen. Gefäße für zierliche Schweine,
wild durcheinander, die ihre Notdurft
notdürftig getrennt in Kichern und Schweigen
verrichten.
Geheul von Hühnern.
Staub, wenig Staub, und neu gemachte Informationstafeln.
Wo unsere Buchstaben herkommen! Jemand hat
mit lächerlichen Zeichen den Forscher verarscht.
Wo unsere Buchstaben herkommen! Aus nicht zu
besiegendem Misstrauen. Löcher in Steinen. (Haare und Nägel
sind mir beim Schreiben im Weg. Sie schicken die Göttennni.)
Jurten. Bottiche. Teppiche. Schalen und Schale.
Schneebrillen. Schakalgottheiten, Gift, an Schrumpfköpfen drei.
Bast eines Bastrocks. Kralle eines natürlichen Todes
von einem Kakadu. Alles, was hilft und nicht hilft,
eintausend Museen. Depperte Traditionen.
Nebst Traditionen, die das Überleben ermöglichen

unter beinahe jedne verstümmelnden Bedingungen.
Bornierte quadratische Muster. Überleben ist verkümmern.
Das ewig Menschliche ist das ewig Unsympathische.
Willst du kein Mensch mehr sein, krepier.

Passing

Ich gehe vorbei als
Ich bleibe unerkannt als
Es fällt lange nicht auf, dass

Es ist offensichtlich, geht
aber niemanden etwas an, dass
Sie zucken die Achseln und machen weiter, was sie machen,
so wie ich neuerdings die Achseln zucke und versuche, meinen
Scheiß weiter zu machen.

Wenn

ich Kleider trage, ich meine ワンピース *wanpīsu* für Frauen,
Sachen, meine ich, die dünn sind und charmant,
schein ich mir albern und außerdem unnötig prekär,
als müsste mich jemand immer retten, was ja nicht passiert,
und es endet damit, dass ich irgendwas nicht gut machen kann.
Wenn ich das nicht tue, also rumlaufe normal,
mit normalen Hosen mit normalen Taschen,
die nicht kaputtgehen, dann wieder seh ich, wenn die Mädchen
in dünnen Kleidchen über die Geländer gehüpft kommen,
ich bin so unnötig solide. Wen kann diese Sicherheit, diese
Unhilfsbedürftigkeit denn freuen?

Nudibranchia

Als sier die Insel betritt, verschlägt die Luft ihrm den Atem. Sie ist schwer wie aus Brokat, wie lebende Historie, die sich weich spaltet, denkt sier, in jetzt, und jetzt, und jetzt. Als röche sier alle Farben, so reich und schwer. In jedem diffundierten Wassertropfen die Meinungen von Tropenpflanzen, der Spiegel der ganzen Welt, und ein Moment nichts.

Feuchte Luft, in der die Farben dichter werden durch die Lichtbrechung in den Tröpfchen. Im vergangenen Winter hatte es Abende gegeben, wo die Augen von den Lichtern schmerzten. Die Stadt war zu klein, umschlossen vom Gürtel als rasendem Lichtring, der sich eng zusammenzuziehen schien um eine spinnende Pupille. Vom luxuriös dichten Wiener U-Bahn-Netz fühlte sier sich herumgeschleudert wie eine Holzperle auf einem Kinderspielzeug in der Hand eines um pragmatische Kohärenz unbekümmerten, noch auf eine größere Kohärenz hörenden Kleinkinds. Sier horchte nach dem größeren Kreis. Versuchte, die gleichen Wege zu gehen, durch Wiederholung von Ritualen geschmeidiger zu werden, weniger unangenehm für die Leute. Konzentration, Text. Das Gehirn schmetterte sich gegen die Schädelwände, legte sich dazu selbst die Musik auf, Fleiß und Eifer, Widerstand und Ausflüchte. Warf sich auf Unmöglichkeiten wie eine Spaghettinudel, die sich an der Wand testet. Das Fortwollen könnte so ein Test sein: Wenn man im Ausland endlich klebenbleibt, dann wäre man gar. Reif. Vielleicht nützlich.

Im Flugzeug weint sier ein bisschen. Sier merkt schon: großes Kino, schon das Prinzip Insel, noch dazu in dieser realen Distanz. Sier sieht die Inseln von ferne auf sich zukommen und begreift, wie man nur im Flugzeug begreift, wo sier ist. Wie technisch abhängig sier ist von allen Netzwerken, die siehn herbrachten. Auf die Idee, eine Ferieninsel zu sehen, kommt sier gar nicht, es ist offensichtlich: Das ist ein eigenes Regime.

Regen beginnt, als sier an der Bushaltestelle steht, wird größer, schwillt zu einer vollen Symphonie an. Der Bus kommt, quiekend, braun, da. Eine Pendlerin teilt effektiv Geld aus, weil alle Touristennni nicht wissen, dass *the bus* kein Rückgeld gibt. Sier bittet die Hawaiianerin, die ein paar Schweizer Rucksacktouristennni einfach den Fahrpreis spendiert hat, um Wechsel eines Zwanzigerscheins mit Verlust. Im Nachvollziehen dieser Transaktionen, im jetgelaggten Versuch, mitzudenken, wird ihrm in ein paar Sekunden sehr viel gezeigt. Sier ist gestaucht und auf eine tiefe Art überglücklich. Lernt, wie ein Finger lernt, der an einem wirbelnden Globus zum Stehen kommt.

Wasser fließt aus dem Skylight, flutet die Sitze.

Zum ersten Mal seit Monaten fällt ihrm bei einem solchen Regen nicht wie ein Schluchzer ein, wie Bambi Sakaborns Fuß sich zu *The Sky is Crying* bewegt.

Der Regen ist einfach Regen.

Später wird sier lernen, dass die Regen Namen haben.

Hier ist Festland.

Nein.

ʻĀina.

Aloha ʻĀina · Die Liebe der Gegend

Von den Pflanzen hier sind die meisten nicht einheimisch.
Von den Menschen ist ein guter Teil nicht einheimisch. Die meisten tragen Gene von Vorfahren aus aller Welt. Was zählt, ist die Haltung, was blöd aussieht, Unbelecktheit. Ob sich die nun in Grobheit oder in Überkandideltheit ausdrückt. Blässe, behütete Haut. Verwitterte Haut über kindlichen Ideen, das geht. Der Bus, mit dem sier jeden Tag über den Pali pendelt, ist wie ein Labor für gegenseitige Wahrnehmungen von Stilen, deklarierten und undeklarierten Zugehörigkeiten, Bluffs und Understatements. Wut oder Sanftmut, unter der eine eiserne Kraft liegt. Plötzlich aufflammende gerechte Rache. Abends geben sich die funktionalen Junkies auf der Heimfahrt nach Kāneʻohe den Gute-Nacht-Schuss, es herrscht gute Stimmung. Morgens fliegen die Blicke in einer gemeinsamen Bewegung an den Horizont, über die Bergkette, die sich bis zur Militärenklave erstreckt, zum Horizont des Meeres. Zwei Atemzüge, bis der Tunnel durch die Felswand die Sicht nimmt.
Sier hat eine Bodybuilderin gesehen, bepackt wie Schwarzenegger, lachend und Fotos machend mit dem Freund in der Natur in der Freizeit. Sier hat eien Asketni gesehen, ein lebendes Skelett im Schatten einer dorfgroßen Würgefeige liegend, die Finger müßig spielend mit Gegenständen am Boden. Eien weißre Greiins, die Spuren seihrner Jugend, seihrnes Lebens abgeschliffen, gespült an den Vorgarten des großen Spitals. Sier zögerte, aber ging vorüber, wollte sich nicht als Reparador aufspielen, wo sier nichts anrichten kann, ohne das Boot zu schaukeln. Keine Rechtfertigungen. Die Schuld ist ein Meer, unermesslich und in endloser Bewegung. Wie der pazifische Müllstrudel, oberflächlich und tief zugleich, wirbelnd zerkleinert, von sich selbst zermahlenes Hyperobjekt. Tausende, die krepieren. Hunderttausende, die irgendwie weitermachen.
Von den Tieren sind die meisten nicht einheimisch. Nashornkäferfallen hängen an den Parkplätzen und Trailheads. Hühner, wo man

hintritt. Süße Ferkel im Gebüsch. 目白 (*Mejiro*), kleine grüne Vögel mit weiß behandschuhten Augenringen, die einst zur Schädlingsbekämpfung auf den Plantagen eingeführt wurden, wie auch die Vögel Paroaria und Bülbül und die Aga-Kröten, sieht man regelmäßig am Straßenrand liegen.

Was die Steine betrifft, so wurden Korallenriffe in Blöcke geschnitten, um Kirchen, Mauern und Ziermauern zu bauen. Lava auch. Lava ist scharf, zerschlitzt Autoreifen, wenn sie gebrochen ist, wer darauf stürzt, wird blutig (auch die Lava wird blutig). Wo sie floß, sieht sie weich aus, trug sie härtere Steine mit sich in lockeren Falten, wie sie um die Augen von Reptilien hängen. So könnte man Leute ansehen, blöde Gemmata, umspült und getragen von den weicheren Teilen der Gesellschaft, die später einfror. Alle, die sich benutzen und verbiegen lassen und somit arbeiten, wie Haut einen Fremdkörper umhüllt, eine Bleistiftmine oder eine Federspitze; wie Leder arbeitet.

Was die Gebäude betrifft, so scheinen die Hochhäuser zu atmen. Sie sind im Brutalismus der 70er, 80er, 90er, 00er Jahre gebaut worden, sie sind nicht ungütig, nicht symbolisch. Nicht wie Innenstädte der USA ganz Zombie und Rhetorik. Honolulu atmet wie der Strand, im Takt der Busfahrpläne. Jede Nacht lagern Obdachlose in den Hauseingängen. Augen, Auren, die siehn krallen, wenn sier vorbeigeht. Frühmorgens treibt es sie nach Waikīkī, und *downtown* kommen die frischen Hawaiihemden heraus, die Halbschuhe aus Silikon, die netten Kleider. Eine Stimmung stählerner Sanftmut, Bildung und entschlossener Herzlichkeit füllt das Morgenlicht an der Kreuzung der Linien in der King Street, wo die Dealernnnie mit den Süchtigen ihre Geschäfte abwickeln. Viele sind Omas und Opas im Rollstuhl. Wie Zeugen Jehovas stellen sie am Gehsteigrand ihre Posten auf, plaudern miteinander im Morgenlicht. Hinter ihnen stehen die Geschäftslokale leer. Offen hat noch Ross, der Random Container Retailer, mit müden Securities, aufgeputscht starrend in den Wahnsinn des Tages und der Nacht. Vormittags auch noch der puerto-ricanische Donut-Laden mit dem Neon-Schild. Zu Mittag beginnt generell schon der Rückzug. Wenn die Sonne senkrecht steht, ist es auf eine Art schon Abend.

Über den Pali-Pass spült es die Pendlernnnie hin und zurück, wie Gezeiten Tidepools füllen und verlassen. Die meisten fahren in Autos, ein paar wenige im Bus. Sier braucht eineinhalb Stunden zum Campus, der hinter Waikīkī am Eingang zum Tal von Mānoa liegt. Im Handy hat sich eine Handbibliothek angeschwemmt, und sier hält sich die Texte, wie eine Steadycam alle Gelenke ausnutzend, mit abgewinkeltem Arm vors Gesicht. Sier hat viel zu lesen. Die Texte von 西田幾多郎 Nishida Kitarō, der als Gründer der Kyōto-Schule gilt, entwickeln ihr Vokabular, das europäische Phänomenologie und buddhistische Philosophie fusioniert, in zahlreichen folgerichtigen und nachdenklichen Sätzen, die über mehrere Jahrzehnte ein System entfalten, das siehn an Jahresringe eines Baums erinnert. In der Wortwahl der amerikanischen Buddhistennni, die die meisten Übersetzungen ins Englische besorgt haben, wird die Präzision Nishidas in der Erkundung kognitionspsychologischer Fragen zu einer nondeskripten spirituellen Inspirationslektüre. Wenn sier versucht, das im Bus zu lesen, muss sie sich fast übergeben. Aber die Nishida-Biographie von Yusa geht runter als wie. Kraft der Projektion. Warum ist das so geschmeidig, sich vorzustellen, in der Welt eines 70-jährigen japanischen Professors zu sein? Weil beruhigend klar ist, dass sier es nicht ist? Stochern die Texte selbst, mit den Klarheiten wie mit den Unklarheiten, auf Arten in seihrnem Gehirn, die sich einfach nicht in Echtzeit verarbeiten lassen, die Zeit brauchen wie ein Oxidationsprozess die Luft?

Sier steckt das Handy weg, erschöpft von den Unwägbarkeiten der Übertragungen. Sier schaut aus dem Fenster und stellt sich vor, Bakterien müssten täglich zur Wunde pendeln, die sie infizieren.

An der gewissen, geradezu mythisch schönen Stelle schaut der ganze Bus nach rechts den Steilhang des Pali ins fruchtbare Tal hinab, wo die andere Uni ist. Hinten beim Meer sieht man Kailua, Kāne'ohe, die Militärbasis. Repeat.

An verschiedenen Stellen der Insel fehlen Stücke von Bergen – dreieckförmige Lücken, überwachsen von niedrigerem Gestrüpp. Daneben ehemalige Weideflächen, wo ein Versuch mit Rindern und

Ziegen scheiterte. Vernarbte Spuren vergangener Projekte. Kawainui, das Große Süßwasser, der größte Fischteich der Inselkette, seit dem 20. Jahrhundert versumpft. Kawainui ist der wahre Fokus der hawaiianischen Geschichte: Der Ort, wo sich die ersten Polynesiernnnie ansiedelten und ihre Technik der Fischzucht durch Taktung der Entnahme entwickelten, dank der Hawaiʻi so gedeihen konnte. Von Cook eingeführte Seuchen dezimierten die Bevölkerung, sodass nicht genug Menschen zur Bewirtschaftung, also zur Huldigung der Hauwahine, der dämonischen Schutzechse von Kawainui, zur Verfügung standen. Bei König Kamehamehas Great Māhele von 1848, einer Landverteilung, die eigentlich den Hawaiianernnnie ihre Nutzungsrechte sichern sollte, bei der aber ein Großteil der Bevölkerung die Umstellung von gemeinschaftlicher Nutzung auf Besitzstrukturen nicht mitmachte, fiel der Teich in den Besitz von Aliʻi, dem hawaiianischen Adel. Das Wasser aus Maunawili, das bislang den Teich speiste, wurde jetzt in die Plantagen von Waimānalo geleitet. Im austrocknenden Kawainui wurde um 1900 Reis angebaut, in den 1920ern Zuckerrohr. Im zweiten Weltkrieg nutzte das US-Militär das Gelände, *the swamp*, nach dem Krieg wurde eine Seite der Korallenriffstruktur zertrümmert und eine Müllverbrennungsanlage eingerichtet, später eine Viehweide. Seit einiger Zeit versumpft Kawainui wieder, entzieht sich der Nutzung. Die Wege der Hauwahine werden sich noch zeigen. Die Arbeit, die nötig wäre, um den Sumpf wieder zum Fischteich zu machen, übersteigt die Vorstellungskraft. Solange er das Königreich ernährte, war er ununterbrochen kultiviert worden.

Werbungen im Bus wiederholen sich mit den Tagen und Wochen. Die Krankenschwester im Heimpflegedienst auf dem Plakat hinter der Fahrerkabine, die ihren Job so liebt, wird von jemandem mit Edding bekritzelt, trägt jetzt Brille und Schnurrbart. Hashizume empfiehlt sich in unveränderlicher Glätte: *When you think of Hawaiʻi, think of sun, the beach, peace, and me.* Abflussräumdienste bieten sich an. Die Verkehrsbetriebe bewerben eine Umfrage. Für die Mülldeponie in Waimānalo muss bis zum Ende des Jahres ein Nachfolgeort be-

stimmt werden. Obama baut sein Altersdomizil neben einem riesigen Obdachlosencamp. Informationen, an denen die Ratio abprallt wie eine Fliege an einer Glasscheibe.
Sier steigt aus, der Bus fährt davon, und da sind sie. Felsen, die Charaktere, Gesichter, Eltern sind. (Die ganze Anhöhe wollten sie einst wegsprengen, um einen Beach Resort zu bauen.)
Eine Frau kommt auf siehn zu und fragt, was sier hier will, und warnt siehn: Ab Dämmerung solltest du nicht ohne Begleitung hier sein. Da spürst du deine Haut. Mädchen – *just don't.*
Waimānalo in der Dämmerung, kurz vor der Nacht. Atemlos vor den Bergen. Häufig auch benetzt, durchnässt, umwickelt von einem der Regen, die Namen haben.
Stundenlang auf Busse warten. In der Nacht, in der Morgensonne, an stetigen, verwehten Nachmittagen, in Regen, der den Himmel wie eine Decke um die Insel herunterzuziehen scheint. Allein mit dem Regen, dem glänzenden Asphalt, den Rufen der Tiere im Gebüsch. Dann sich wieder verstauen, in der Nacht, wo die Sprungfedern wachsen.

道元 (*Dōgen*)

Die blauen Berge wandern; die Stein-Frau gebiert in der Nacht ein Kind, sagte der erlauchte Daokai vom Berg Furong, schreibt Dōgen im zweiten Absatz des Kommentars zur Sutra von Bergen und Wasser. Die Stelle aus dem Faszikel 正法眼蔵 (*Shōbōgenzō*, Augenschatz der wahren Methode) ist Thema im Seminar, und die Mitstudentennni bemühen sich mit spekulativen Auslegungen des rätselhaften Spruchs – 「青山常運歩、石女夜生児」 in den geschlichteten Reihen der altchinesischen Schreibweise. Dōgens Werke wurden nach und nach aus dem Archiv des von ihm im 13. Jahrhundert nach seinem Studium in China gegründeten Tempels 永平寺 (*eiheiji*) geholt und der Öffentlichkeit zugänglich gemacht. Die rationale Dialektik des Gründers der Sōto-Zen-Schule leuchtet in verschiedenen Jahrhunderten. Zugleich sind darin Bilder enthalten wie das der gehenden Berge, deren Bedeutung sich mit der Situation, in der man über sie nachdenkt, zu wandeln scheint. Wenn der Blick kippt, schieben sich, etwa, in seihrner Vorstellung die Hügel des Wienerwalds rund um dien Gehendne, dier immer an der Stelle ist, von der seihrne Perspektive ausgeht. Oder aber die Richtung wird fraglich, als ginge man in die Tiefe, wenn man nach vorne geht. Ob man selbst geht oder die Berge sich bewegen … Sier schrickt auf, von einer Stille aus den Gedanken gerissen. Der Wienerwald senkt sich wieder in die Tischoberfläche. Sier ist an der Reihe, seihrnen Kommentar abzugeben. Kann nichts sagen, winkt die Reihe weiter.

Irgendwie ist der Professor auf einmal unter dem Tisch und versucht, den Stecker des Laptops in die Steckdose zu stecken. Danach muss er in einem umständlichen Validierungsverfahren das Zoomportal neu autorisieren. Die Studentennni plaudern indessen über eine Geburtstagsfeier.

Shear Stress · Schubspannung

Unter dem Einfluss der verschiedenen Kräfte, die in infinit diversen Richtungen, Intensitäten und Dauern als Druck auf Punkte innerhalb einer Substanz aufkommen, kann es je nach Molekülstruktur zu vielfältigen Bruch- oder Deformationserscheinungen kommen. Sier sitzt am Strand und betrachtet die Wellen durch die Linse von Inductive Logic 111. Ein Wind, der einen Namen hat, ihrm aber noch nicht vorgestellt wurde, redet in den rasenden Palmen (eingeführt), in den grauen, langen Nadeln der Ironwood (eingeführt), mit den spärlichen Seevögeln.

Deformationserscheinungen kennt man vom Fließen, vom Flow von Gelen, Gesteinen, Luft, Wasser, Verkehrsaufkommen. Asphalt, der bei Hitze oder mechanischem Stress zu fließen beginnt. Von Bergen hinunter: Muren. Die Erscheinungen der Schubspannung sind als Metapher unbrauchbar, weil sie fast überall wörtlich zutreffen. Aber sier versinkt hier in Halbwissen wie in Quecksand. Von den Konventionen der Berechnung und der Notation versteht sier nichts, aber spürt die Physik am eigenen Leib. Wie sier auch in den Wellen fern davon ist, sie spielend reiten zu können, aber, während die Welle siehn unterpflügt, irgendwie ja begreift, was passiert.

Auch die Spannung zwischen Ideal und Wirklichkeit wird am eigenen Leib gefühlt. Ist es das, was mit dem Stichwort »Spannung« in Bezug auf Texte gemeint ist? Unklar bleibt, ob mit diesem Ausdruck eine elektrische oder eine mechanische Spannung gemeint ist. Auch wenn beide in einander übersetzbar sind, macht es doch einen Unterschied für die Möglichkeiten, Stoß-, Ausflipp- und Behinderungsrichtungen solcher Spannungen. Die Gegenwart ist eine Kreissäge, jederzeit kann etwas plötzlich greifen oder plötzlich glitchen. Aber auch, wenn die Gegenwart Architektur wäre, müsste man aufpassen, wohin die verschiedenen Teile fallen, wenn sie zusammenfällt.

Frier

Am Campus der Universität von Hawai'i auf Mānoa geht die Sonne auf, wenn sier aus dem Bus stolpert. Die Universität ist ein brutalistisches Paradies. Unerhörte Bäume tragen zur gleichen Zeit unerhörte Früchte und unerhörte Blüten. Vögel lauern und betteln um Essensreste. Auf reichlich vorhandenen, jederzeit sauberen Sitzbänken sitzen artige, schöne junge Menschen, die sich angeregt über interessante Themen unterhalten. (Erst später entdeckt sier, dass auch hier, an Dienstagen, junge Männer mit Laubbläsern und Warnwesten ausgestattet werden, um ihre Libido im Sinne einer Gartenästhetik zu kanalisieren.)
Als sier zum ersten Mal die Bibliothek betritt, ist sie leer. Keine Bücher. Durch die Reihen von Regalen aus gehämmertem Stahl kann man von einem Ende der Halle bis zum anderen sehen. Sier steht wie zwischen zwei Spiegeln. Auf beiden Seiten sind Lanais, Balkone. Dort sitzen die, die einen Sinn für so etwas haben. Die meisten Studentennni behandeln sich wie zur Effizienz bestimmte Maschinen, weil sie unter Druck stehen, den Erfolgsbedingungen ihrer Stipendien zu genügen, und wenn man beginnt, sich von Freuden der Umwelt überhaupt beeinflussen zu lassen, könnte man vom rationalen Kurs abkommen. Den Lanai liebt auch eine ehemalige Profirennradfahrerin aus Samoa, die jetzt an der Linguistik unterrichtet, sier lernt sie an der Bushaltestelle kennen. Auch Murrt, der Vorarbeiter im Lo'i, ist hier oft zum Lesen. Durch ein Programm, das jungen Hawaiianernnnie anbietet, gegen Mitarbeit im Lo'i das Studium zu finanzieren, konnte er die Universität so benutzen, wie sier es aus Europa als normal kennt: nicht als Karriereleiter, sondern als wissenstechnische Anarchieschleuder.
Als sier ihn zum ersten Mal sieht, fliegt zusammen mit ihm ein Paroaria vom Lanai herein. Die grauen Vögel mit roter Haube, eine 1930 eingeführte Spezies, deren lateinischer Name aus der ehemaligen brasilianischen *lingua franca* Tupi stammt, sind der Grund für die Schilder *Don't Feed the Birds* auf den Terrassen der Mensa. Ihre

Art, sich in institutionellen Räumen zu bewegen, lässt keinen Zweifel an ihrer Autorität zu.
Oder war es einer der *Pycnonotus cafer*, der schwarzen Bülbüls aus Fiji, auf der Liste der 100 schlimmsten invasiven Arten der Welt, die noch selbstbewusster als die Paroarias die Essenden vor der Mensa an sich erinnern und mit denen sier oft den Reis teilte?
Hatte Murrt an diesem Tag die Haare offen oder im Dutt, war sein Gesicht müde oder mit den wilden Augen von manchmal? Die Erinnerung irrt, und die Erzählung erzählt, was man nur im Nachhinein oder nach Recherchen wissen kann, angefangen mit den Namen. Die Erzählung aber will verschweigen, was die Logik der Geschichte verwirrt: Murrts Schönheit, die die Vernunft erschlug. Gegen die sier sich seit dem ersten Anblick stemmt wie gegen eine starke Strömung, sodass durch die Gegenbewegung die normalen Zeichen zwischen Menschen in Zweifel stehen, die Entfernungen trügen, wie bei Steinen unter fließendem Wasser. Man greift nach ihnen, verschätzt sich, rutscht aus.
Gerade beim Eintritt von Murrt mit dem Bülbül kommt der Portier auf Kontrollgang die Treppe hoch. Sein Blick, auf Unzulässiges aus, ist sofort beim Vogel. Und von allen Seiten des Saals beobachten Augenpaare still, wie der Portier versucht, ihn aus der Halle zu jagen, und dabei die Regale als erhebliches Handicap zu navigieren hat, die der Bülbül quer überfliegt. Als er endlich gemächlich ins Freie verschwindet, hat der Portier längst die Schmunzlernnnie registriert.
Was steht ihr rum und helft nicht?
Verhaltenes Kichern.
Verstimmt geht der Portier wieder an seinen Eingang.
Kielüber in Widerständen, treibt es siehn dem noch unbekannten Murrt nach dem Stiegenhaus zu, wie es zwei Blätter auf einer Bachoberfläche unterschiedlich schnell zur Wehr spült. Murrt bleibt auf halber Treppe stehen, wendet sich um und gibt ihrm einen Flyer.
Komm zum Lo'i am Samstag. Am Eingang zu Maunawili, in der Kurve rechts, hinter dem katholischen Kindergarten. See you there.
Ab da ist sier jeden Samstag dort.

Kalo

Man lässt sich in den Schlamm des Lo'i gleiten. Wenn man kultiviert ist, hat man vorher etwas gesungen, gebeten, dass die Arbeit gesegnet sei und gut verlaufe. Dann fängt man einfach an zu jäten. Mit beiden Händen, büschelweise, das Gras um den Kalo. Die Büschel dann im Schlammwasser ausspülen, damit die gedüngte Erde im Lo'i bleibt. Für die Ludwigia, die Mexican Primrose-Willow, mit ihrer weißen, harten Wurzel, braucht es manchmal beide Hände. Niemals die Schlammplattformen betreten, an denen man arbeitet. Wöchentlich wiederholen.

Hāloa war das erste Kind von Ho'ohōkūkalani, deren zweites Kind der gemeinsame Vorfahre der Kānaka Maoli werden soll. Hāloa war eine Stillgeburt, und die Eltern begruben siehn. An dieser Stelle wuchs eine Pflanze mit kräftigen, glatten Blättern und großer, stärkehaltiger Wurzel. Sie wird bis heute in den verzweigten Wasserwegen der Lo'i kultiviert als Hauptnahrungsmittel der Kānaka Maoli, seiner jüngeren Geschwister.

Wenn eine Brise geht, scheinen die großen Blätter nachdenklich zu nicken. Das steckt dahinter, wenn wir sagen, *nani ke kalo*, erklärt der junge Mann des Projekts der Gruppe von Neulingen.
Kalo, die Pflanze mit der violetten, stärkehaltigen Wurzel, zu Brei zerstoßen das traditionelle Hauptnahrungsmittel in Hawai'i, wird in Nassbeeten angebaut, die viel Betreuung brauchen, und so gibt es Gelegenheit für Freiwillige, in den Schlamm zu steigen und mitzujäten. Auf der Karte von O'ahu der Kotzebue-Expedition Anfang des 19. Jahrhunderts sieht man viele kleine Rechtecke. Das waren alles kommunal kultivierte Lo'i, die die Bevölkerung reichlich versorgten. Und so viel produzierten, dass auch fremde Schiffsmannschaften versorgt werden konnten, fügt Murrt hinzu.
Murrts Pidgin ist eine bildhauerische, absichtsvolle Arbeit. Wenn er

Dienst hat, fliegen Lieder und Wörter in allen Sprachen durch das Unkraut. In Europa ließen sie ihn nicht ins Schengen-Gebiet hinein, als er woofen ging, um seine Vorfahren zu suchen, erzählt er einmal – er musste wieder zurückfliegen. Den mitfühlenden Geräuschen ders Europäernis vorauseilend ausweichend, beginnt er ein Lied zu summen und steigt durch den Schlamm an eine andere Stelle.

Wegen irgendwelcher Gockelstreite mit dem Chef wird er bald das Projekt verlassen, erzählt Kainalu, die ihrm zeigt, wie man die Schaufel richtig hält, um Schlamm auf das um die Wurzelstöcke herum verstreute Fischmehl zu schleudern, ohne jemanden zu verletzen. Das ist, damit die Enten nicht das Fischmehl essen. Später, beim Jäten eines hoch überwachsenen Lo'i, erzählt Kainalu, wie sie es macht, wenn sie ein Kind benennen soll. Sie ist 18 oder 19, aber hat schon mehreren Verwandten Namen gegeben. Es kommt ihr ein Traum, sagt sie, manchmal ist ihr vorher schlecht, sie denkt, es geht nicht, dann ist es da. Etwas passiert, jemand ist krank, die ganze Situation spült ein Wort in den Traum, nein, ein Bild, einen Geist, eine Idee, etwas, was das Kind dann beschützen wird. Nicht nur beschützen. Manchmal kommt die Bedeutung des Namens erst im Lauf der Jahrzehnte heraus. Und es gibt gefährliche Namen, was machst du mit deinem Leben, wenn du Blitz heißt? Ich kenn viele, die Blitz heißen, die sind nicht alle gut drauf. Das ist so scary am Namengeben, du denkst so, hast du an alles gedacht? Zeigt sich dir nur eine Seite der Sache?

Schau, reißt Kaimana, der große Junge, den sier atmosphärisch vor einer Playstation verortet, siehn ein andermal aus der Trance. Wenn du es so machst wie ich, kannst du wesentlich schneller sein. Seine Hände fliegen durch den Schlamm und hinterlassen gleichsam ein umgepflügtes Feld. Die Frauen machen das immer wie Blumenpflücken, motzt er. Sier versucht, das Bedürfnis nach Perfektion loszulassen, imitiert Kaimanas Bewegungen, aber kann die Sorge um die Gründlichkeit nicht abschütteln, als ginge es um Kommata in einem Text, und geht nochmal zurück, um die Wurzeln zu entfernen. Kaimana lacht mehrdeutig und wechselt den Schlammkanal. Sier erinnert sich an die nötige Gelassenheit bei Super Mario, wo die Situationen wie am Fließband kommen und man springen muss und keine Zeit hat, sich ums Scheitern zu kümmern oder etwas zu korrigieren. Seihrn Blick schweift über die siebzehn Felder des Loʻi und versucht, am Graswuchs einzuschätzen, wann jeweils zuletzt gejätet wurde. In dem, wo sie jetzt sind, ist der Kalo schon ganz verschattet unter Gras und *primroses*.

Montags in der Bibliothek glüht die Muskelerinnerung an die ungewohnte Bewegung nach, wenn sier nach einem Buch greift. Der Campus ist für jedne, dier hier ist, irgendwie eine geschenkte Phase, denkt sier, den Finger über die mit Feinstaub aufgefüllten Rillen des Betons schleifend, das ist vielleicht auch Teil der reichen Luft. *Enter into the work* – aber sier streift noch herum. An den Lesepulten tauchen die Studentennni artig in Medien, wie man auf dem Bauch auf dem Surfbrett ins Meer hinaus paddelt. *Huli ka lima i lalo*, heißt es im Sprichwort, wende die Hand nach unten, auf die Arbeit. Für Arbeit am Laptop heißt es auch, die Scheu vor dem Verschwinden zu verlieren. Es ist ein Übergang in eine andere Welt. Die Körper sitzen vor Laptops zurückgelassen an den Tischen und sind so jung und perfekt wie Babyrobben, wie frisch geschlüpfte Schildkröten am Strand. *Keep your distance!* Partnernnnie fischen einander mit Berührungen und Flüstern aus der Tiefe oder tauchen Hand in Hand hinein, um gemeinsam Filme zu schauen. Gelegentlich ein plötzliches Sausen durch Raum und Zeit: Videotelefonie, quer über die Betten und Sofas der Gesellschaft gelegt, schräg wie Elektrikernnnie in Zeiten von Materialknappheit.

Noch Frier

In der betriebsbereiten Bibliothek ist die Klimaanlage so kalt eingestellt, dass man Pullover trägt. Und daher denkt sier, als sier zum ersten Mal das Wort *FROZEN* mit Datum in ein Buch gestempelt sieht, zunächst nichts. Das kühle Hirn denkt nicht so schnell. Sier denkt: Man darf es nicht ausborgen. Langsam dämmert ihrm, dass es wörtlich gemeint ist. Gegen Ungeziefer werden Bücher von Zeit zu Zeit tiefgekühlt. Der Grund, weswegen die andere Bibliothek ausgeräumt ist und in den Regalen kleine rötliche Haufen zu finden sind, hier und dort Fetzen einer halbverspeisten Seite auf Russisch, Chinesisch, Indisch, Indonesisch.

Auch in der betriebsbereiten Bibliothek werden die Bücher von wenigen benutzt. Man fühlt sich uralt, wenn man so durch die Reihen geht, mit Gänsehaut trotz Jäckchen, das Sehen der Bücher, das Suchen der Bücher als Ritual lebend, das diese Bibliothek mit allen anderen verknüpft, die man kennt, bis zu den ersten, wo man langsam lernte, das Ausmaß der Welt, die man nicht kennt, einzuschätzen. Das erste Notausgangsschild aus der unmittelbaren Umwelt. Legitimation des Bedürfnisses, hier rauszukommen, Linderung der Angst, es nicht zu können, durch Reihen über Reihen von Buchstaben.

Die wertvolle Möglichkeit, *afforded*, ziellos darin umherzuwandern, während man nach und nach begreift, wie sie zu benutzen ist. *Afforded* – eine Furt, Wasser, das einne davonspült, aber trägt; Boden, der einne doch hinüberführt. *Go forth*, geh los. Bisschen biblisch, als hätte man ein Haus hinter sich.

Die Vorsilbe *a-* meint *an*, oder aber *ab*, oder sie wurde von der Vorsilbe *ge-* abgeschliffen, oder sie war ein Intensivum, Altenglisch *a-*, oder Deutsch *er-* wie in *erröten*: *awake, ashamed*. Im frühmodernen Englisch wurden solche Wörter in der Rechtschreibung oft gehandhabt, als wären sie lateinischen Ursprungs, von der Vorsilbe *ad-* oder *ab-*, oder *ex-*. So kam es dazu, dass diese *a*-Vorsilben schließlich zu einer einzigen unklaren Vorstellung verklumpten, und dieses Gene-

ral-*a* wird als ungefähr intensiv, rhetorisch, verhübschend, archaisch, jedenfalls müßig empfunden, so das Oxford English Dictionary. *Affluent* – Herbei? Davon?
Der Eingangsbereich der Bibliothek ist belebt wie ein Strand voller Krebse und Mollusken. Weil da jeder runde Tisch voll Mehrfachstecker ist, versteht sier irgendwann. Sie alle sind angesteckt an den Stromkreislauf der Bibliothek.
In den Hawaiian Studies schlagen sie vor, den Wissenstransfer unter Menschen mit der strukturellen Metapher von Wasserwegen zu veranschaulichen statt mit den jetzt vorherrschenden Militär- und Gebäudemetaphern. Die Wirklichkeit tut es schon, sieht sier und zweifelt zugleich, ob alle sehen, was sier sieht, die Wahrheit der Metaphern in der Logik der ʻŌlelo wie eine mathematisch mögliche Kürzung von Gleichungen. Fragt sich, in welchem Maß sier allein mit solchen Auffassungen ist und man sagen würde, sier spinnt. Zugleich ist sier aus Sicht der hawaiianischen Art des Wissens noch gar nicht hereingekommen, noch lange nicht weit genug gegangen im Vertrauen. Jede Information, die sier von der Lehrerin bekommt, fühlt sich an wie ein lebensspendender Tropfen, der aber nicht in ihr endet, der erst beim wiederholten Wiederkehren irgendeine Art von Durst stillen kann. Halbwissen, ein andauernd überfließendes Gefäß, in dem Wasser gereicht werden kann, das ohnehin schon in der Welt und bei allen ist, komische, wie pantomimische, symbolische Handlung.
Sier lässt sich treiben, um den Ort für das Buch und die Zeit zu finden, versucht dabei nicht ziellos auszusehen. *Intentionality.* Der zur Erklärung von Bedeutung eingeführte, ihr in der Sprachphilosophie noch nicht einleuchtende Begriff hat im Alltag einen deutlich unterschiedenen Schlag. Die Aktivistennni mit den Vorfahren im Rücken wissen, was sie tun, und sehen es klar als Mangel, als armselige Verwirrtheit, es nicht zu wissen. Das macht die kluge Festigkeit aus, die sier an den Kollegennni im Loʻi und in den Seminaren bewundert. Wissen ist Sein, nicht ein Vorrat zum Wegpacken. Also auch ein Schaden, denkt sier wieder subtraktiv, zuckt aber zusammen beim Gedanken an die giftige Idealisierung der Unschuld, des Nichtwissens.

三木 清 (Miki Kiyoshi) schrieb: *a terrifying realism.* Sier hat sich an ein Lesepult neben seinem Gesamtwerk gesetzt und liest in hohem Tempo eine englische Einführung von Shigenori Nagatomo aus den 90er Jahren, nach welchem Überblick sier sich an die Originale machen will. Auch ohne Stellenangabe: *parting the body of mother earth.* Obwohl sier es nicht mögen sollte, mag sier es; das zweite Zitat vielleicht im Vertrauen auf das erste. Die Erregung, als sie die Bände der Gesammelten Werke durchblättert, füllt sich zerbrechlich an wie ein Drachen in einem Tag unsteter Brisen: Sier macht die Augen des Bewusstseins fest zu, um nicht zu wissen, dass der Wind siehn nicht lange tragen wird – mit geschlossenen Augen kann man aber nicht lesen. Was sier brauchen wird, um die Zitate im Original zu finden, ist ganz viel Zeit – und es ist, als würde etwas aus der Analogzeit genau das von ihrm verlangen. Aus der Vernunft der Gegenwart heraus gesehen scheint es sinnlos, anzufangen; dann wäre aber alles, was sier will, sinnlos. Sier blickt aus dem Fenster, wo zwei Manu-o-Kū, Feenseeschwalben, um das Institut für Geologie kreisen.
Anstatt das Surfbrett des Verstehens in den nächsten Satz hinauszupaddeln, wo es nass ist und seihrne ganze Präsenz braucht, erinnert sier sich an das Gedicht von Bert Brecht, *Entdeckung an einer jungen Frau*, wo einer beim Abschied an der Partnerin einer Nacht ein weißes Haar entdeckt und an der Schwelle umkehrt. Die Zeile hatte bei der ersten Lektüre seihrn Herz in die Klauen genommen und nicht wieder losgelassen – als wäre seihrn Leben eine entsicherte Granate, als sollte sier in Panik geraten, wo sier sie hintragen sollte. Keine ehrenwerte Szenerie.
Sier bewahrt noch ein analoges Haar von einerm Geliebten in einer entsprechend beschrifteten Dose (Das ist nicht das erste, oida. – Reißt du sie aus, oder was?). Es war diese eine hundsgemeine Zeile, die einerm beim Lesen den Atem verschlägt, die doppelte Zeugenschaft an der Assymetrie deutlich machend: »Denn wir vergaßen ganz, dass du vergehst.« Was aufkommt, ist nicht Mitleid und nicht Entrüstung, es stellt nur ohne Ende in Frage, was Begehren ist. Der Fetzen Erklärung, auf dem eiligen Rückweg ins Bett ausgestoßen, kommt

ihrm vor wie eine Chiffre heterosexueller Erotik, die sier aber immer noch nicht entziffern kann. Wahrscheinlich, weil er an Horror und nie ausgesprochene unangenehme Tatsachen rührt, mit denen man, wenn man sie in der Liebe ausspart, nachher im Rest der Welt allein bleibt, sodass das Aussprechen davon etwas wie eine Öffnung in eine gemeinsam erlebte Welt bedeutet. Es können ja Jahrtausende, in denen Frauen mit einer fatalen Statistik der Kindbettsterblichkeit lebten als immer möglicher Fernwirkung der Erotik, nicht einfach verschwinden, seit es verlässliche Verhütung gibt. Thanatos also die Entscheidung von Frauen, das Kalkulieren der unfruchtbaren Tage bleiben zu lassen oder die Resultate zu ignorieren, sich in ihr mögliches schleichendes Verderben zu stürzen, einem guten Moment zuliebe. Ob auch das eine Präfiguration einer Kamikaze-Melancholie darstellt, auch eine Präfiguration der Bescheuertheit, Muster des Ignorierens oder Beiseiteredens der brennenden Erde, um weiter den Kult der Notwendigkeitsillusionen, des koks- oder kaffeegestützten Gefühls der Kompetenz im Augenblick zu feiern? Das Risiko eines Stromausfalls, argumentiert der Vertreter der französischen Atomenergiebehörde, sei aufgrund der entwickelten Abhängigkeiten verheerender als das eines nuklearen Supergaus. Eine prekäre Art von Kalkulation: Wo Risiko eines plötzlichen Tods gegen Sicherheit eines langsamen abgewogen wird, wo ist der Normalzustand, um das Abwägen zu eichen?
Das weiße Haar ist ein Memento mori, das zugleich zu Kalkulation und zum Brechen der Kalkulation auffordert. Ästhetiken der Erotik bewahren das, indem sie es unkenntlich kodiert weitergeben. Statt davor, im Kindbett zu sterben, hat jemand in seihrner Generation eher Angst vor Desillusion: etwa, dass seihrne übertriebene Begeisterung enttäuscht werden könnte, Angst vor dem Alt- und Albernwerden seihrner selbst und ders Geliebten, Angst vor Sicherheit um den Preis beschnittener Freuden, Angst davor, zu beginnen, sich selbst mit Unsinn zuzuschaufeln.
Mit dem lächerlichen Haar in der Lade liegt wohl auch die Frage, ob die fiese Asymmetrie der Geschlechter im längst begonnenen Jahr-

hundert halten wird oder endlich gebrochen sein könnte. Die wird ihrm von anderen beantwortet werden. Aber warum wirkt gerade Brechts Manifestation heterosexueller Brutalität auf siehn wie ein Reiz? Sier neigt dazu, so etwas immer anzusehen wie niedliche Makel, Muttermale, süße Dialekte und Sprachfehler. Als stünde sier darüber, als wäre sier vom so fest etablierten Quatsch etwa nicht tief und strukturell verletzt. Lieber tat sier, als wären absurde Ideen über Männer und Frauen schwärende Wunden ihrer Trägernnnie, Einladungen, Verletzlichkeiten. Scham.

Miki starb zu früh, erkrankt im Gefängnis, nachdem die Polizei in seinem Haus ein kommunistisches Treffen überrascht hatte. Sier starrt wieder auf die Seiten der Einführung, wo das Ende der Biographie erreicht wird und der Einführer beginnt, sich im inhaltlichen Teil von den Winden der Inhalte treiben zu lassen. *Wir brauchen eine techné, um mit der Technik umzugehen,* sagte Gertrud Bäumer, schrieb Miki, berichtet Nagatomo. Aus solchen Sätzen entsteht kein klares Bild einer politischen Einstellung. Vielleicht auch deswegen fühlt sier sich mittendrin wie im Gestrüpp der Gegenwart, wo niemand mehr weiß, was links oder rechts heißt. Erstaunt, dass Miki sie zitiert, sucht sier den Wikipediaeintrag von Gertrud Bäumer auf, und ihrm springt, bevor sier denken kann, eine merkwürdige Ähnlichkeit im Gesicht der deutschen Parlamentarierin mit dem Porträtfoto von Miki im Buch ins Auge. Es ist subtil: ein Zug um den Mund, eine bedeutungslose Gabe der Gene; begleitet vielleicht von einem spezifischen sozialdemokratischen Ernst, der feinen Kante zwischen einer fast konservativen Vernunft und einer ausdifferenzierten Fortschrittlichkeit. Eine Ähnlichkeit der Züge ist höchstens der Auslöser eines zweiten Blicks, mehr nicht, so etwas zählt nicht – springt aber gerade wegen dieser Bedeutungslosigkeit ein halbes Jahrhundert später so lebhaft von der Seite hoch wie die Wasserspritzer vom Vornamen: 清 Kiyoshi. Die Schönheit davon, man kann nicht gut darüber reden.

Es klappert die Lüftungsanlage, der Wind fährt in die Azaleenbäu-

me, die Manu-o-Kū spielen im Aufwind, draußen in der wirklichen Luft. Drinnen läuft Wasser an verkalkten Planen herunter in Kübel, durchkreuzt von der Handschrift einers nach und nach ungeduldig werdenden Autornis des Patches mit dem Gaffer. Ist der Air Conditioner kaputt? Ein Leck im Dach? Die Präsenz eines Gespensts?
Techné, die Idee prägt sich ihrm ein mit der spielbeinhaften Laune des Accent aigu wie einer Lebensform aus Workaround. Es stand wohl beim Druck kein griechischer Bleisatz zur Verfügung. Der Accent steht wie ein Wetterhahn, ein Weiser in die Ferne, ein Marker der Sehnsucht nach einem Griechenland der Ideen, wie vielleicht die Wasserspritzer Portale in die verträumten Nebel der fernen chinesischen Vergangenheit sind, wo, so wenig man darüber auch wissen mag, mit Sicherheit Wasser lebhaft, scary und ruhig plätscherte. Wie in einem dunklen Spiegel der Technik-Fails erkennt sier auch, was sier selbst vor Jahren mit einer Zeile meinte, in der Schreibprogramme mit den falschen Zeichensätzen die Sonderzeichen oft durch Kästchen ersetzten, sodass sie am Ende beim markierten lateinischen é geblieben war. Wie ein Wort eben Scharen von Welt herbeirufen kann, fluten jetzt, bei Miki und Bäumer Trost suchend, pikante und peinliche Erinnerungen an die vielen Fälle herein, wo ihrm die Technik, das Wissen und die Skills fehlten, um eine Idee gut auszuführen. Unzählige Momente zwischen Menschen auch, wo seihrn Geschick versagte, zu machen, was sier und vielleicht auch dier andere wünschend vor sich sah. Unberührte Erinnerungen bäumen sich auf, durchschnittene Kabel, holprige Ebenen, legen sich wieder, wie man sich hinlegt, wenn nichts mehr das Schlafen aufwiegen kann. Trägheit der heimlich auf eine Art mitten im Leben schon längst Gestorbenen, die ihr Leben in Sicherheiten begraben, um es dann vergeblich zu suchen. Eichhörnchen in Grisaille.
Grisaille. Dieser Vorläufer der Funktion, mit einem Klick ein Digitalbild schwarz-weiß zu machen. Andere Werte treten in den Vordergrund. Die Malernnnie mussten ihre Blicke trainieren; sier als Museumsbesucherni zogen diese Vorskizzen an, in denen die Launen, Gedanken oft klarer herauskamen als in den monumentalen

Ausführungen in vollem Inkarnat. Aber *grey squirrels* verdrängen, heißt es, die schmächtigeren roten. Das Leben droht von Ideen überwuchert zu werden. Seihrn Aberglaube wird immer stärker und liegt wohl darin, wirklich zu hoffen, dass die Dinge ein Eigenleben haben.

Schon dort

Im Lo'i sieht sier plötzlich seihrne bleichen Schenkel im Schlamm und erhöht seihrn Jättempo, fühlt dabei die Fäuste von Generationen puritanischer Gärtnernnnie in den Fingern. Gärtnernnnie, die die Ökonomie in den Knochen abgelagert hatten, von aller Heiligkeit bereinigt, die dem Utilitarismus nicht standhielt. Vorfahren, die sich von der Jugend bis ins Alter fragten, womit sie es verdient hatten, hier auf dieser Erde in diesem Geschlecht in dieser Gegend diesen blöden Acker zu beackern, und darin weitermachten und ihren Trost in Perfektion suchten. Bleiche, hagere Gesichter, die niemandem etwas verziehen, aus kleinen Augen, aus einem kleinen Gehirn misstrauisch, anteilslos in fremde Visagen starrend, ohne etwas wissen zu wollen, ohne etwas zu wollen, von vornherein davon ausgehend, dass alles Wollen sich auf Unmögliches bezieht. Freuden sind Teufelswerk, ein Hase mit einer Brechstange, in Wirklichkeit ein Gott mit einer Latte. Man hätte nur einmal losgehen müssen und eben nicht zurückkehren.

Blickt vom Jäten auf wie aus einem Rausch, als Stimmen erklingen, es waren wohl alle in ihrer Arbeit versunken. Es wird nach der Uhrzeit gefragt, die Frage wird durch die Reihen des Lo'i weitergereicht, und Murrt, der als einziger eine spezielle schlammgewidmete Armbanduhr hat – und der an diesem Tag besonders wie ein Halbgott aussieht, die brustlangen Haare frisch gebürstet unter einem ausgebleichten Kopftuch hervorquellend –, richtet sich auf und ruft herüber, What think?

Der Lo'i antwortet mit Beyoncé: One already.

Murrt: Already you know it.

Ein paar Tage später

findet sier, auf der Suche nach der Stelle, wo die Bücher der Logikerin Mary Tiles stehen sollen, in der Kunstgeschichte die andere Seite des Lecks, auch hier versorgt mit Planen und Kübeln. Ist es die andere Seite? Ein anderer Stock? Die Systematik, auf die sier konzentriert war, hat die Orientierung übertönt. Und schon wieder treten die Sachen, die nebensächlich sein sollten, in den Vordergrund. Schüttelt den Kopf und tut, als würde sier etwas im Regal suchen, sucht aber nicht, wundert sich nur. Der Kanon Europas steht aufgereiht in Bildbänden, dazwischen dier eine oder andere Hawaiianerni oder Japanerni. Unter den Büchern zu Cézanne findet sier ein schmales Buch, das ihrm überaus vertraut ist: Handkes *Lehre der Sainte-Victoire*. Eine Fliege, die auf Fliegenpapier stößt, schlägt sier das Buch auf und liest. Reißt sofort wieder das Gesicht von der Seite hoch und starrt auf die Kübel hinüber, in die die Plastikplanen das kalkige Wasser von der Decke leiten.

Als sier von den Nachkommen der Drachen in den Höhlenkomplexen unterm Karst erfahren hatte, war ihrm etwas an Handkes Text noch einmal lebendig geworden. Jetzt liest sier den Text ein drittes Mal, in der Regenjacke auf dem Boden sitzend, am Rand des Bücherregals am Rand der Kontinentalplatte, gegenüber vom Leck im Gebäude. Sier liest so, wie sier als Kind von irgendeinem bedeutungslosen Buch nicht loskam, das sier im Vorbeigehen auf dem Weg zum Klo aufgriff und im hellen Licht im Flur stehend und langsam zu Boden sinkend in derselben Stunde zu Ende las. Ist das wohl mit Geologie gemeint: einen Bezug zu konstruieren zu dem, was zufällig da ist; zur Sprache als Fels im Rücken? Zum eigenen Geschlecht? Einmal war es ein Jugendbuch über das Wandern zur Quelle eines Flusses, und so kam irgendwie dieses sinn- und absichtslose nächtliche Lesen dafür zu stehen, wie man vom Weg eingenommen wird. Dem vertraute sier sich immer an, aber schon länger scheut sier den Sog mehr, als dass sier ihn sucht, warum nur?

Überrumpelt und verblüfft liest sier den vertrauten Text weiter und weiter, obwohl sier doch so viel Neues zu lesen hat. Zügig, Seite um Seite, Ausschau haltend auch diesmal nach der gewissen Felsformation in Morzg. Was beim Suchen nach der Stelle für seihrnen Vortrag vor Jahren unmöglich gewesen war, springt jetzt förmlich aus den Seiten. Sier liest von Anfang an, Satz für Satz, als triebe sier schwimmend auf einem dunklen, schnellen Fluss dahin, und es geht ihrm ein, was ihrm wohl damals zu gewollt poetisch vorgekommen war: *Pflügen unter der Erde.*

Sier ahnt plötzlich, wie die freundlichen Falten in den Mundwinkeln zustande kommen. Wie Realisation funktioniert, Wissen zu Tat wird, die Techné-Theorie von Miki auf der Theorie des Orts von Nishida sprießt.

Als sier später Murrt in den hintersten Reihen der Bibliothek begegnet und er fragt, was sier liest, antwortet sier in Verlegenheit mit dem Bild vom *Pflügen unter der Erde* und fragt, was er davon hält, erwähnt das mit den Linien im Gesicht. Murrt lacht, verwirrt und halb verächtlich, Augenbrauen gehoben. Und es fällt ihrm ein, dass Murrt am manuellen Ausheben der hüfttiefen Lo'i im sumpfigen Quellgebiet beteiligt gewesen sein muss.

Ach was!, sagt er, so altkluge Gesichter meinst du, das kommt, wenn die Leute gleichzeitig koksen und kiffen.

Ach so, lernt sier. Hast du was dabei?

Seihrn Blick liegt sachte auf dem Gesicht, das sier auf ungefähr dreißig schätzt, aus dem sein Blick, ebenso scharf und schnell, auf seihrnes fällt. Genaugenommen sehen die Augen nicht in die Augen, sondern hinunter, auf die Mundpartie.

Nachts ist der Campus das Revier der Katzen. Auf die Schilder, auf denen steht, dass man sie nicht füttern soll, fällt kein Licht. Der riesige Affenbrotbaum – es bräuchte zehn Studentennni, um ihn zu umarmen – hebt die Bildende Kunst aus dem Boden. Von den Toiletten im ersten Stock kommt man aus dem Fenster in die Beugen des Baums. In den Mulden und Schluchten hängen Kippen und eine Getränkedose. Murrt steckt, während sier reden, die gesammelten Kippen in die Dose und den Stummel ihres Joints dazu. Ein Vogel schreit hinter dem Architekturgebäude.

Hereinritt · ёжик в тумане · Їжачок у тумані

Auf einem Wildschwein von Schwertern
– das ist ein verkleidetes Pferd.
Man soll nicht sehen, dass es Arbeit hat unter dem Haar.
Es läuft wie ein Teufel, es sticht und es flammt
und es weint unter mir;
eine flammende Rede auf die Muße haben Gäste mir berichtet;
ich schlief auf dem Pferd.

Denn es geziemt sich, alljährlich mit Glocken und Sonstigem
auf den Hügel zu reiten,
auf dass der Hügel die besondere Stellung in der Höhe der Luft
nicht vergisst. Denn der Boden, er neigt sich, neigt sich immer
nach dem Vergessen und vergisst,
zu erfolgreich ist der Boden, zu schön sind die kleinen Blumen,
ohimè.

Auf einem Wildschwein von Schwertern, einem Igel im Nebel,
ritt ich also herein.
Was hatte ich wohl zu sagen, was zu meinen, zu weinen,
war der Nebel mir egal?
Ich kam aus der Ferne, ich blies mit allen Winden
ein verzagtes Lied,
und mit grellen Gewändern forderte jedne heraus ich,
mich zu hauen.

O weiß waren meine Verse und stanken von Lilien, aber kaum
mehr von Schweiß,
und die Lilien gossen ihr Lachen über die Rücken schöner
Menschen in die Gosse,
wer es roch, hatte eine sehr feine Nase – sagte man – ,

und es stank doch – Kilometer unbewohnbar –,
da war niemand, dier etwas sagte.
Kapriolen auf dem Wildschwein – mit den Schwertern jonglierend
– 2000 im eigenen Leib,
wo Gedanken ununterbrochen wie Moränen im Aquarium
ihre Ruinen umrunden,
bestochen von diesen Zufällen, die als Bestätigung
ihre Flanken liebkosen;
geschmeichelt sind sie, denn sie meinen,
sie wären nicht im Aquarium,

sie wären wichtig, in grauen Anzügen, großen Autos,
durch die Innenstadt führen sie fremder Städte;
vertraut eigentlich nur wirklich mit Garagen,
aber Pokerface, шапка невидимка, ein Knopf und niemand weiß ja,
ob die kleine Melodie dein Handy, dein Auto,
einen Diebstahl oder eine Öffnung bezeugt.

Und du behältst noch den Überblick über die Angelegenheiten,
aber Gewichtung wäre zu viel verlangt;
du verlierst dich in Boutiquen,
wo die Gegenstände und die Kleider
und, und die Gesten und die Busenschwinger
dir sagen, wer du bist und wer du sein musst
und somit wer du immer schon warst.

Aber was soll das? Die Vergangenheit,
wie jeder aufgeklärte Mensch genau weiß,
ist ein Schneefeld, und die Menschheit kann Rodeln bauen,
leben auf Kufen. Wer sie Schienen nennt, irrt.
Ja, mein Herr, wer sie Schienen nennt, irrt.

Überall, wo es kalt ist, kann man hinfahren, schnell sein,
mal stapfen, mal rutschen,
und um das Rutschen zu vertuschen, gibt es die Sauna,
wo wir rot wären, wenn wir da wären,
dagegen gibt es Beeren, gibt es Meinungen,
gibt es Flüche und Birken und Pathos und Ghee,
und wenn du gar nicht mehr weiterweißt, denk an die Stelle,
wo bei Frauen die Hüfte zur Taille wird, oder vice versa.

Und was oben ist, geht nach unten,
und was unten ist, geht nach oben, wer kann das schon sagen,
doch ich rede und rede, wozu, will ich jemanden ärgern?
Es muss wohl ein Urtier sich machen aus mir und sich bewähren
bis zum Erkennen seiner Talente
und wie schief sie zu den Gedanken sich verhalten.

Und wenn ich erkenne, dass mein Pferd ein Anarchist ist,
was mach ich mit mir?
Und wenn ich erkenne, dass mein Pferd diszipliniert ist,
was ist dann ein Gedanke?
Ich kann nur parieren:
Gehorsam mit Widerstand, Widerstand mit Gehorsam,
und, Watschen reklamierend,
gehe ich durch die Straßen unterm Kopftuch, Avantgarde.

Mich reitet nichts! Ich gebe alles sofort zu, ich reite!
Wohin das Pferd auch immer geht, ich reite weiter, weiter!
Es ist das Auf und Ab auf einem Auf und Ab, was mich leitet!
Jenseits von Glücken, Meinen, Scheitern, Scheinen,
nichts ist es: Ich reite!

Und keine Aussagen über die Flur, Flora und Fauna und
die Weite und die Stimmung und den Himmel und so,

der fuchtelnden Erzengel ohnmächtig gewordenes Getümmel,
der spielenden und ermüdenden Muskeln
transzendentales Geraune, und

ist alles nichts. Ich reite nur immer, ich reite,
ich bin nicht niemand und nicht alles, nicht mehr.
Ich liebe, was auch alle anderen lieben.
Ich kann in riesigen Horden durch die Steppe fliegen,
und muss ich pflügen, so werd ich auch pflügen. Ohimè!
Wenn die Blumen mich nicht mehr ernähren,
dann werde ich wie alle anderen pflügen.

Ich liebe zum Beispiel genauso wie sie die Frauen, wie sie schauen
und wie sie sich, unsicher sicher, in hellblauen
Minibrokatetuikleidern in den Hüf-ten wiegen,
ich lege meine Seele ganz oft in ihre Klauen,
um sie im letzten Augenblick gerade noch herauszuziehen,

Mich reitet nichts! Ich gebe alles sofort zu, ich reite!
Wohin das Pferd auch immer geht, ich reite weiter, weiter!
Es ist das Auf und Ab auf einem Auf und Ab, was mich leitet!
Jenseits von Glücken, Meinen, Scheitern, Scheinen,
nichts ist es: Ich reite!

Ich ritt also soeben auf einem Wildschwein,
dessen Borsten Schwerter sind, herein,
aus keinem Kampf kam ich, keinen Kampf suchte ich,
und doch sprach mein Gewand, ein kleines Heer
geometrischer Enten, von Ideen,
die in der Welt liegen oder besser stehen wie eine zitternde Faust,

doch es heißt nichts, ich will nur, dass es so ausschaut, ich will,
dass es nur so ausschaut;
der Knall sei hohl, die Hohlköpfe volatil,

liebend zum Beispiel Rechtschaffenheit
aus einem reinen Irrtum heraus:
Mein Schal ist gelb, dass sie ausrutschen
wie auf den Schalen der Tropenfrüchte,

aber warum sollen sie sich entgleiten? Um da zu sein.
Warum auf meinem Schal? Damit ich mit ihnen bin.
Wie lange liegen? Bis ich bei Sinnen bin. Das dauert nicht lang.
Dann erkennen sie mein Gesicht und ich das Gesicht der Gefahr:

Es ist zerdrückt
im Teppichmuster von einem Charlottenburger Stiegenhaus,
wo man glaubte, man schmiss sich aus Liebestollheit hin,
doch war es Panik,
ganz allgemeine Ängstlichkeit, bloß im Kostüm,
diesen einen nie wiederzusehen,
sodass man sich vornahm,
vom rotgefärbten Jutegewebe nie mehr aufzusehen,
um den Moment, in dem das alles gerade noch tragbar war,
nicht zu verlassen.

Mich reitet nichts! Ich gebe alles sofort zu, ich reite!
Wohin das Pferd auch immer geht, ich reite weiter, weiter!
Es ist das Auf und Ab auf einem Auf und Ab, was mich leitet!
Jenseits von Glücken, Meinen, Scheitern, Scheinen,
nichts ist es: Ich reite!

Und wie geht es weiter? Das steht in den Sternen nicht.
Ich versammle Kasernen
in etikettierten Dosen, jedes Etikett ist ein Witz, ich will lernen,
wie wir sind.
Wie sich die Gegenwart in Strömungen teilt und was sie machen.
Ich sammle Modelle und Eigenschaften. Dann mag es krachen,
zerfließen,

die Statuen bleiben, in ewigem Dialog
mit dem in sie gegossenen Eisen.
Daher ritt ich den wildschweinernen Igel hierher,
es soll sich auf ihm spießen
die Welt, der es gefällt, an manchem Abend mit mir zu spaßen,
bis die Luft vor Morgengrauen glüht
und die Amseln ihre Bänder verschießen.

Und spießt sich die Welt, will ich sie braten, um zu wissen,
wie sie schmeckt,
welche Art von Fasern sie hat und wie sie genießen.
Seit ich Mädchenbeine hab,
weiß ich ja streckenweise nur zu stochern
– das Sein gelingt,
wenn es mit den Beinen gelingt, einen Bauch zu umschließen.

So eingesperrt plärrt ein Herz,
schlägt um sich und spricht nach vorne,
so ausgerichtet, weiter um vieles, als es jemals war, und nieder
reißt es die trockenen Dämme meiner Handschrift,
die nun Meere und Flüsse fluten.
Ich wollte nie die Sachen vermischen. Jetzt muss ich bluten,
und es vermischt sich …

Mich reitet nichts! Ich gebe alles sofort zu, ich reite!
Wohin das Pferd auch immer geht, ich reite weiter, weiter!
Es ist das Auf und Ab auf einem Auf und Ab, was mich leitet!
Jenseits von Glücken, Meinen, Scheitern, Scheinen,
nichts ist es: Ich reite!

Das Wildschwein will nur leben, was immer das heißt.
Ich will aber reiten,
mit Prunk in die Stammkneipe und mit zwei Prunk wieder hinaus,

und die Borsten sind Rasierpinsel künftiger Generationen,
und die Schwerter, damit schneidet man Zöpfe und Fische,

um zu sehen, ob sie echt sind. Ob sie Rippen haben, ob sie weinen,
wenn sie gefangen werden.
Ob ihre Schuppen geheim sind, ob Spaten drin sind, Verhaue,
aus denen Lilien wachsen könnten
mit der Spaltkraft der Symmetrie,
deren Glitzern Gelüste nach dem Niemals-Wissen weckten.

Das einzelne Messer bringt Gewissheit, Ende.
Ein zweites Messer hebt das Ende auf, man muss weitermachen.
Es findet sich später noch ein drittes Messer,
das den ganzen Streit aufhebt.
Das vierte Messer macht alles absurd aussehen.
Jahrzehntelang hängt es in der Luft.
Das fünfte Messer nützt die Chance und ist einfach überheblich,
es spaltet alles frisch und neu
und erklärt es dadurch zum unauflöslichen Knoten.
Das sechste Messer kitzelt zärtlich die verwaisten Schlaufen,
Relikte alter Konflikte.
Das siebente Messer steht abseits und stöhnt in den Himmel.
Das achte Messer kommt mit einer Idee von Gerechtigkeit
und teilt den ehemaligen Knoten in Regionen.
Das neunte Messer kommt nicht. So bleibt die Zukunft
      in großer Ferne.

HERAUSRITT

Eine Insel wie ein Mensch

Hawai'i. Hyperobjekt, Geliebtre, Aufgabe, in dieser Dimension. Eröffnet die Frage, wie sier mit Geliebten oder Lieben generell umgeht, für was sier sie eigentlich hält. Die einen betonen die Beziehung als Arbeit und Präsenz, die anderen den Respekt vor der Andersheit ders Anderen. Jedre, dier die Insel je betrat und nicht komplett auf den Kopf gefallen ist, geht anders von ihr weg. Seit 1955 haben sie einen Tunnel durch den Berg, wie ein Piercing, an dem man sich selbst aufhängt, selbst aus dem Sumpf zieht. Sie, das sind? Das sind alle. Haben? Das heißt, zur Verfügung haben. Auto und Sprit und einen Grund zu fahren. Haben? Das heißt, entschieden haben. Wann nachgeben, wann explodieren oder sprengen. Nicht verhindern können haben, *Infinitiv Perfekt.*

Kollektiv, Hyperobjekt, Loch. Sie fädeln sich durch ihr Loch in ihrem Berg, nachdem sie sich in Autos abgefüllt haben, in Pick-up Trucks, Busse, Vans, alte Sedans, SUVs und Jeeps. Es ist nicht möglich, zu Fuß oder mit dem Rad über den Pali zu gehen. Es ist zwar möglich. Dier Bulle sagt: Rechtlich kann ich Sie nicht aufhalten. Aber ich werde keine Ruhe geben, ich werde Ihnen hinterherfahren, zu Ihrem eigenen Schutz. Und sier versichert darauf, aber nein, natürlich werde ich umkehren, es ist nicht meine Insel. Der Pali ist nicht für Fußgänger gemacht, fährt dier Bulle fort zu erklären. Man will nicht, dass hier Leute zu Fuß rumgurken. Sie dürfen nicht denken, dass Sie einfach überall hinkönnen. Sier darf nicht denken, dass sier einfach überall hinkann.

Danach lange mit den Hühnern an der Kreuzung, wo die Straße nach Kāne'ohe abzweigt. Man sieht die Bergkette und den Highway entlang und im Vordergrund die Fahrzeuge am Pali mit den Ampelphasen stocken und fließen. Manche kommen hierher, um die Katzen zu füttern, andere, um die Hühner zu füttern. Ein Mann bleibt mit offenem Fenster stehen und fängt ein Gespräch über die Hühner an. Nach dem Alter gefragt, kann sier nicht verheimlichen, dass es seihrn 40ster Geburtstag ist. Der Mann stellt sich als Francis vor. Pass auf, sagt Francis, und schaut siehn über den Rückspiegel stechend an, neben seinem Auge das Auge eines der Hühner, dessen Kopf ein Auswuchs von Federn überwuchert. Ohne ein Wort zu sagen, nehmen beide die Deformation zur Kenntnis.

Du wirst nicht mehr von deinem Weg abweichen, sagt Francis. Auch wenn du es versuchst. Er meint es als Ermutigung, und sier versteht es auch so.

Unklar, was es bedeutet, aber sier geht nie wieder auf diese Kreuzung zum Chillen. Sier denkt immer, sier sollte hingehen und eine Fortsetzung des Gesprächs bei Gelegenheit nicht scheuen. Sie hatten geredet, an Francis' Autofenster, bis sich die Dämmerung über der Bergkette Richtung Kāne'ohe in tiefes Schwarz verwandelt hatte. Sier sagt sich, dass Francis sich höchstwahrscheinlich gar nicht sonderlich an das Gespräch erinnern wird, da er stark bekifft war und sier ihn oft irgendwo mit Leuten plaudern sieht. Auch das will sier nicht erleben: alleine übrigzubleiben mit einer überdimensional wichtig genommenen Erinnerung. Bei Wiederholung könnten die Lehren von Francis, dem Coach, eine dubiosere, oder eine kompliziertere, oder eine fordernde Note bekommen, und die Wahrscheinlichkeit, dass sier etwas versemmelt, würde steigen. Wiederholung macht ihrm aus Erfahrung Angst, und sier weiß, dass genau darin der Schlüssel liegt.

Du wirst zum Strand gehen, lauten die Anweisungen der Großmutter in der Historie von Mākālei, die die Lehrerin erzählte. *Dort wirst du Spielgefährten finden: Die wirst du an ihrem Überbiss erkennen. Das sind Windgeistennni. Sie werden dir drei Künste beibringen: schwimmen, tauchen und surfen. Dann wirst du bereit sein, zu den Göttennni ins Land unter dem Ozean zu gehen.*

Sier versucht, aufzuhören zu denken. Sieht die Blätter, das Ende der Luft am Meer. Klein unten im Tal die Ruine des ersten Wasserkraftwerks. Zu dem wollte sier als Schaulustigre hinfahren. Fuhr nicht.

Aber einmal mit F eine Stunde lang dort unten auf einen Bus gewartet. Regen kam und ging, sie saßen in der Zeit, redeten, sangen, glotzten. Kann sier denn bestimmen, als welche Art von Füßen die eigenen herumtrampeln?
War das auch bei Orpheus so eine schmerzliche Einsteck-Geschichte? Der, gewohnt, bei allen Tieren und Festen Zutritt zu haben, muss in der Unterwelt plötzlich blöden, ihrm nicht einleuchtenden Regeln gehorchen. Darf nicht überall hinschauen, was soll das?
An einer anderen Bushaltestelle begreift sier, wie Göttennni (das Konzept der Göttennni) und Menschen (das Konzept der Menschen) in eins fallen in Form der Pick-up Trucks. Es sind Kyklopen. Die, wie alles, genau so hingenommen werden müssen, wie sie sind. Etwas in ihrm ist so bereit, mit dem Kämpfen und allem Begehren aufzuhören und zu beginnen, alles zu akzeptieren, wie es ist. Den Willen vollständig in den Aggregatzustand des Denkens sich auflösen zu lassen, unter dem Pürierstab der analytischen Philosophie. Warum reden sie in der Philosophie denn die ganze Zeit vom Willen, oder: Wie können sie überhaupt? Muss man ihn nicht verwehen lassen, wenn es einen Weg gibt und ja doch niemand fragt, ob sier den Weg gehen will oder nicht? Verweht der Wille dann mithin wie eine wandernde Düne über die Zufahrtsstraße? Sier ahnt, dass es Probleme geben wird.
Sier versucht, sich von der Seite zu sehen. Ethisch und ästhetisch. Wie schaut das denn aus, was sier macht? Eine Frau in kurzen Hosen. Aua. Macht Scherze mit dem ganzen Körper, aua. Sier wendet die Augen schnell weg von dunklen Schaufenstern, Autofenstern und blickt doch immer hin, Schorf kratzend. Es schaut nicht gut aus hier, eine weiße Frau, egal was sier tut. Wenn harmlos, dann lächerlich; wenn effektiv, dann furchterregend oder bloß stressig. Was bei den meisten Frauen auf der Welt Würde und Macht ausstrahlt, schaut bei weißen aus wie Überhebung, Bemühtheit, Stress – und man muss wissen, was die Leute sehen, wenn sie einne ansehen. Jahrhunderte von Blödsinn bekommt man nicht so schnell aus dem Leib, Bewegungen und Reaktionen werden über Generationen vererbt. Sei nicht so eitel, sagt sier dann zu sich, sei halt nützlich. – Oder sind das

schon wieder die puritanischen Vorfahren? Sei halt da, korrigiert sier sich, und wisse noch nicht so sicher, was nützlich wäre.
Die Misanthropie, der tiefe Dissens mit dem allermeisten, was die Leute so machen, ist nicht verschwunden. Wirklich nützlich wäre Ausrottung der gesamten Menschheit. Oder der Weißen. Nichts am eigenen Stil gefällt ihrm, und was heißt hier überhaupt eigen, fragt sier sich im Second-Hand-Shop, die Finger ratlos unter Unmöglichkeiten, Abnützungen, Ideen anderer Leute. Könnte sier wie eine Gallwespe etwas Vorgefundenes zweckentfremden vielleicht? Sie geht wieder hinaus, sucht die Hühnerfamilie auf dem Schulhof. Ihr Gesicht? Don-Juan-de-la-Geometrie? In alle Richtungen gleichzeitig gehen und denken? Existierende Bewegungen an entscheidenden Punkten verstärken? Eine jähe Ausdehnung, Befreiung chemisch gebundener Energie heißt Explosion. Eindrücke von allen Seiten: Impression. Beim Unterschied geht es vor allem um das Tempo, und das wird erzeugt durch die Druckverhältnisse.

Jambenstop. Trochäen ·
Mit vollem Mund an Schwellen

Flashback. Pig hunter. Daughter of.
Die mit der Mehrdeutigkeit spazieren gehen.
Die lieben, wen sie töten, siehn kennen.

Flashback. Prenzlauer Berg. Vulkan, Zigarettenanzünder.
Schweigende Redaktionen. Jahre in Nächten. Das morbide Holz
eines Tresens. Ein Lüster aus Mercedessternen,
in der Luft die Witze der Monate.

Lasst beim Renovieren Lücken für Turmfalken!
Sie wissen es und lassen beim Renovieren Lücken für Turmfalken.
Hinweise hören. Anleitungen befolgen. Ist es so schwer?

Die Vernunft ist Grundwasser, tief im Boden ein Strom.
Wenn oben was abgebaut wird, sinkt der Pegel.
Dauerhafter Missbrauch von Berliner Bier. Aufhören.

Und dann? Mit rollenden Augen steht ein Vergifteter im Türrah-
men. Wird er gesund, oder ist ers?
Geredet wird nicht mit den Augen, nicht mit den Worten,
immer mit der Art, sich zu bewegen.

Als steckten sie einen richtigen Weg in dichtem Nebel ab,
über labyrinthene Hügel, in der Trance der Jahreszeiten.
Und so vergingen die Jahre, und der Schnee schmolz immer schnel-
ler. Die Stangen liegen nun quer auf der Flur ohne Weg,
die Straßen aber quer über das Land wie Stangen.
Hier geh nicht durch
geh nicht vorüber
geh nicht
geh jetzt

Es war so, und es war so,
reden verdriftende Stimmen von Kollegennni,
da seiend, Urteile verminend, Stimmen aus Pfuhlen und Quellen,
anschwellend, verebbend, meist mit dem Klang nur erinnernd, dass
es mal anders war und auch wieder anders werden wird. Zukunft
aus Vergangenheit, singend im Exil der Stimmen, lebend, immer
noch: Zeit, Katzengold der DDR.

Zeichnend Konturen der Gespenster
in die Straßen der Verbesserung
unter Abtönfarben, knapp neben der Sicherheitsarchitektur,
der Zugangsbeschränkungsinfrastruktur
und der Hochkultur, Bach wie Backstein und Platten,
Bauhausgenerika angepasst an firmenbestimmte Normen,
Paris imitierende Luxuswohnungen, wo vorher Selbstschussanlagen
aus Metallresten waren, und irgendwie fällt das in eins, ihr Schrot-
schleudern: Fair Trade für die Ethik der Damen und Herren mit
den Porschekinderwagen.

Fliehen, Fliesen legen.
Gespenster, Riften und Gräben in den Gesichtern,
den furchterregenden.
Deren Zukunft sieht man mit einem Schlag,
wenn sie wütend werden.
Das nachzuzeichnen ist wohl ein Tic, der Versuch einer Prognose,
ein liebender Pessimismus: Es ist nicht o.k., aber bleib ruhig da.
Ein sachtes Lehnen an die Vergangenheit,
wie an eine Tür, an der man lauscht.

Schubspannung · Sediment

Eine Spannung zwischen zwei homonymen Begriffen fühlt sich auch wie eine Sorte von Schubspannung an, da in einem physikalischen Wortkorpus elastische Zugkräfte in mehr als zwei Richtungen wirken. Im Englischen soll *sheer* sich aus *scir* oder *shire* herleiten, was *klar* bedeute. Das kann heißen: unvermischt, oder aber gereinigt; ein klarer Schnitt oder eine klare, also durchsichtige Substanz. *Sheer* wird auch in diesem Sinn für Stoff benutzt. Aber auch wie im Deutschen *schier* für jähe Klippen.
Das Scheren, das in der Schreibweise *shear* festgehalten ist, hat denselben Ursprung. Die Schere geht auseinander. Ein Schiff weicht ab.
Im Deutschen hieß *schier* aber auch lange *schnell* – wohl auch von der Erfahrung mit Klingen. Ein scharfes Messer konzentriert die auf das Umgebungsmaterial wirkenden Druckkräfte auf eine Fläche, die sich möglichst einer Linie annähert, der Grenze zwischen bewegtem und unbewegtem Material. Bei einem stumpfen Messer gibt es Übergangszonen, die die klaren Brüche durcheinanderbringen.
Im Meer halten keine fixierten Gesetze, sondern Millionen absolut strenger, untereinander beweglicher Gesetze. Internationales Seerecht durchzusetzen ist eine endlose Jagd im Kreis, nie zu Ende.
Die Disziplinen der Philosophie heißen: Logik – Ethik – Ästhetik.
Und dann gibt es Induktive Logik 111, die aus seihrner Sicht alles zusammenfasst.
Die Lehrerin sagt: Das ist alles Moʻolelo. Wahrheit, Mythos, historische Fakten, eins.

Stochastik · Adjusting a towel

Mo'olelo erzählen, wie einre verführt wird, über das Benötigte hinaus weiter zu sammeln, und wie das von den dämonischen Wächternnnie des Meeres geahndet wird. Auch, als die *kapus* (global in der tahitianischen Aussprache als *tabu* bekannt) noch scharf waren, war die Versuchung immer da, erzählen die Geschichten. Sie erzählen das, damit anerkannt sei, dass man die Gier erlebt und nun getrost ablegen kann, soll, muss.
Immer wieder aufschauen, sich an den Ort, die Größenordnung erinnern. Auf Inseln ergibt sich die Ethik eigentlich von selbst, es ist jederm ja bekannt, wie viel es gibt und wie alles zusammenhängt und wie man es macht. Man muss sich korrekt verhalten, wenn nicht, trifft die Unordnung alle wie ein Fluch. Als die ersten Schiffe von Walfängernnnie, Expeditionen landeten, kamen sie mit Krankheiten, Waffen und vom Maß der Inseln nicht informierten Bedürfnissen. Als die Missionare sich einnisteten, brauchte man schon ihre abstraktere, anhand eines bizarren Buchs formulierte Ethik, um mit den Prinzipien zu verhandeln, mit denen die internationalen Seefahrernnnie in die lokalen Balancen fuhren.

Davida Malo übersetzte *pono* – das ist die Art, es gut zu machen – in christliche Termini, erzählt Professor Ing der versammelten Fakultät bei seinem Vortrag. Wie in Japan war so etwas wie freier Wille – wo man sich dann auf Wohlverhalten etwas einbildet, als wäre es ein Geschenk an die Welt – ein Importprodukt, nah an Ignoranz.

Höflicher Applaus.

Ein Brief aus dem Wald

Ich pass mich an, schreibt sier
一つ〜の eisiger Wind
bei greller 太陽
wo bläst du hin yo?
Wo geh ich lang, ich großes Kind?
Wie Asche, aber es sind Samenhülsen,
Flügelschalen von Käfern, denen ähnlich,
die in der Wohnung herumrasen
no one grows old here

Flechten an den Weiden den Wänden
wenn ich lang genug stünde,
nagte Wissen mich an,
wie ein Rindsknochen
in Bouillon dahingeht,
nur in umgekehrte Richtung.

Heute geh ich die Straße entlang
(statt dieser sinnlosen Forstwege,
wo ich doch kein Holz will),
als wollte ich unauffällig fliehen.
Der Wind ist mein Freund nicht
– *you don't belong here*
yeh but there's nowhere I belong –

Die Gedanken gehen plötzlich,
als gingen sie wohin,
nur weil ich auf einer Straße gehe,
die in die nächste Ortschaft führt
und hinaus, hinaus,
ich fühl das Leuchten der Zentripetale

als Hauch an der Wange,
als Zauber von Potential,
bezeichnen kann ich es nicht, aber
ohne Mathematik wäre mein Leben dumpf, zu eigen.

Ich sitze am Computer,
ich schreibe »die Welt besteht aus Beziehungen«,
»physikalisch gesehen Wellen«,
vielleicht habe ich dazu diesen Sinuston laufen
und als Lachen der Welt
Beats von jemand anderem.

Ich schreibe »Natur«,
korrigiere mich: »Umwelt,
die lädierte, halb tote, ja die.«
Ich gehe kaum noch spazieren,
weil dann die Traurigkeit überhandnimmt.
Einen Schritt nach dem anderen setzen: unerträglich.
Prometheische Scham,
älter zu werden, ohne geschickter zu werden.
Halbwissen, das im Hals stecken bleibt.
Und die Beats lauter
die Beats lauter
Beats lauter
lauter
lauter
bitte

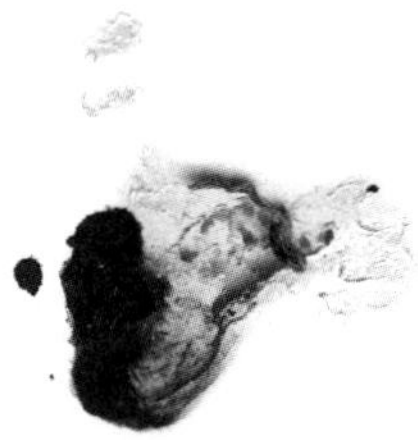

Hydropon!

An einem der Stände an der Fakultät für Umweltwissenschaften bleibt sier stehen und lässt sich erklären, dass eine neue Technologie das Anbauen von Gemüse im Rahmen der Marsbesiedelung ermöglichen soll. Hydropon – sind das nicht diese Tonkügelchen in den Töpfen von büromöbelartig behandelten Tropenpflanzen weltweit? Genau, aber jetzt entwickeln wir eine neue Generation. Das Prinzip hat sich nicht geändert, die Nährstoffe und Mineralien, die die Pflanzen jeweils brauchen, werden als Lösungen dem Wasser beigefügt. Somit braucht man keine Erde. Wir haben so viel mehr Wissen darüber, was die Pflanzen benötigen, und eine KI-Software berechnet die optimale Nährstoffmenge.
Sier sollte zeichnen, aber die Wahrheit ist, seit sier begonnen hat, die sinojapanische Zeichensprache zu lernen, zieht dieses Symbolsystem die Linien an. In sich eingefallen ist seihrn kindlicher Stolz auf die gelungene Linie, in Wirklichkeit der heimliche Glaube an eine besondere Beziehung zwischen ihrm und der Welt wie zu Geistern, Wettern, den wahren Eltern. Die magische Sicherheit ist weg. Sier hat erfahren, dass sier ohne weiteres jederzeit, auf einem noch so richtigen Weg, in einen peinlichen und unübersichtlichen Unfall geraten könnte. Das wäre auch nur ein Komma in der Luft, das Straucheln einers Touristnie. Seit der Einsicht geht sier nicht mehr schwindelfrei, und nichts erscheint mehr notwendig. Und genau das scheint ihrm eigentlich das Gefährliche, sier schaut sich um: Sind wir alle *random* geworden, torkeln durchs Leben? Muss ich nur warten, um die Muster des weiteren Umkreises zu sehen, auf die das Spiel zwischen den Sichtweisen deutet, die umfassendere Dimension?
Müde des Urteilens ist sier und der anmaßenden Armseligkeit der Urteile. Beim Abbilden aber muss man in jeder Sekunde Urteile fällen. Im Bewusstsein, dass es anders genauso gut wäre, zieht das Urteilen in keine kohärente Richtung. Auch wenn man es sich vornimmt, geht es dann nicht ohne Schlenker, als würden selbst die

Muskeln der Hand höhnen und ausscheren wie halbwüchsige Schülernnnie.
Sier mag die Ecken, wo das Unnötige und das Nötige verwechselbar werden. Da, wie in der Schwerelosigkeit des Wendepunkts eines Pendels, meint sier, ganz und voll am Leben zu sein. Sier mag, wie der Bus, über den gebrochenen Asphalt, , des Straßenrands tobt, und jubelt, mag diese Stochastik, mehr ,als die Utopie einer sauberen Handschrift in einem schönen Notizbuch. Wen wollte sier damit täuschen, sich selbst? Sier hätte gerne sich zu bemühen gewusst um die Art versammelter Schönschrift, die ihrm nur in seltenen, glücklichen Anfängen gelingt und deren Qualität darin besteht, vieles in aller Ruhe nicht zu machen.
Die Idee harmonischer Linien, das gute Maß verkörpernd, verehrt sier theoretisch umso mehr, je mehr die harte Praxis und faszinierte Extremkonzentration, die siehn einst wie von selbst erfasste, von ihrm wegdriften, während sier die Welt vielfältig aufnimmt, sich selbst ins Unrecht setzend, um nicht im Bild zu sein. Und so auch die fahrige Delinquentennischrift. Der Bus ist jetzt, jetzt, jetzt, zufällige, zielgerichtete, maßvolle Bewegung, die alle Fahrgäste gemeinsam beutelt. In jedem Augenblick, wo sich dank des Winkels der Kante einer Betonplatte die Kräfte eines Rucks gegen den Formgebungswillen der Schreibhand versammeln, spielt sich ein Spektakel der Sinnlosigkeit ab, dem sier nur zusehen will.

Was willst du hier?

Wenn du eine klare Antwort haben willst,
musst du eine klare Frage stellen.
Aber vielleicht willst du auf die vage
Frage eine klare Antwort haben.
Das bedeutet, dass du aufs Brutale stehst.
Du willst einen Bruder, der dich aufhebt.
Statt der Wahrnehmungen klebt dir eine Faust
die Stirn zusammen wie der Henkel eine Lade.
Aber auch der Wunsch nach einer vagen Antwort auf die klare
Frage
ist Begehren, jemand gäbe einem was,
vergrößernd deine Welt; und führte dich hinaus.

So groß die Welt auch ist, du musst ja doch hinaus,
nun wird der Weg recht lang: ein einziges *nunc stans* (was?).
Wenn du eine dicke Krake krallen willst,
musst du ihr eine schrille Reuse stellen.
Hingegen dieser Wunsch nach einer klaren Frage
klebt deine Stirn zusammen wie der Henkel eine Lade.
Aber vielleicht willst du nur auf dieses vage
Begehren eine klare Watsche haben.
So etwas bewegte den berühmten Faust
zu suchen, was ihn mit dem kleinen Finger aushebelte.
Ich verstehe, dass du auf das Totale bestehst.

Die Grundstruktur ist: alles aus Milet – Häh?
Du kannst nicht alles kennen, was dich aufhebt.
Weil der Versuch, darauf läuft es hinaus:
Du verarbeitest etwas, aber was
es war und was es ist – besser ab jetzt die Faust
des reinen Klangs, der Dauer, die wir zu erleiden haben.

Obwohl du keine klare Antwort wolltest,
ist es o.k., weil man sie immer neu umstellen
kann. Nur am Ende eben muss die Waage
gerade stehn, damit ohne Problem die Lade
sich hineinschieben lässt wie eine Antwort auf die Frage.

STOP REQUESTED

An den Hängen von Hāmākua

Montags, vier bis sechs oder solange es einne freut, an den Hängen von Hāmākua die nicht einheimischen Pflanzen aus den Planen rupfen, die rund um die neu angepflanzten einheimischen Pflanzen ausgelegt sind. Die Lehrerin hat siehn mitgenommen. Die Volunteers hacken mit einer großen Harke die Riesengrasbüschel aus und ziehen Lianen aus den Lianen, die die vor Monaten in einer ähnlichen Aktion herausgezogenen und in die Ecke geworfenen Lianen überwuchern. Bei der Arbeit denkt sier an das Wort entanglement, 絡まり合い (*karamariai*), und an Talking Heads: *Turn like a wheel inside a wheel.* Die Atmosphäre bleibt oberflächlich und unbehaglich, anders als die Arbeit im Lo'i oder beim Räumen des Hangs unterm Einkaufszentrum, wo Hawaiianernnnie die Projekte leiten und ihre Sorgfalt und Präzision in jede Phrase legen. Hier regiert das Irgendwie der Bourgeoisie. Gerade als jemand, dier nicht einmal in der Lage ist, Topfpflanzen zu halten, fällt es ihrm schwer zu schlucken, wenn Umweltschutz im Ausreißen von Pflanzen besteht; im Gehorchen derer mit mehr Wissen besteht es aber jedenfalls, also konzentriert sier seihrne rebellischen Impulse darauf, abwechselnd die Lehrerin und die Schulbotanikerin nach den Namen der Pflanzen zu fragen. Sier fühlt sich blind in einem Land, wo sier die Pflanzen und Tiere nicht kennt. Auch wenn die Namen, wo sier aufgewachsen ist, volksetymologisch verdreht, zweckverdreckt oder albern sind, es ist doch eine Art einseitige Integration.

Dass sie das alles überhaupt machen, ist gut, sagt die Lehrerin zu ihrm auf einem kleinen Rundgang. Tita hier hat das Land gekauft. Aber du hörst ja, wie sie sprechen, in der ignoranten Tradition, über Pflanzenspezies, als stünden sie zur Verfügung und hätten kein Eigenleben. Es sind doch Verwandte! Kolea, dort, der kleine braune Vogel mit den langen Beinen, kommt jedes Jahr. Kommt mit einem weißen Latz, bleibt hier, bis der Latz schwarz ist, dann zieht er weiter. Der Ort ist für ihn! Aber das Gewässer ist im Arsch, weil der

Fluss umgeleitet wurde, um den *Enchanted Lake* der Wohnsiedlung *Enchanted Lake* zu füllen. Der See ist gekippt, er ist toxisch, und hier in Hāmākua fehlt das Wasser. Die Kolea müssten hier kleine Brackentiere fressen. Stattdessen fressen sie Essensreste aus den Mülltonnen und werden krank.

Titas, bin ich auch eine? Und was heißt das?

Es gibt Aunties, Omas und Titas. Wenn du ruhig dein Ding machst, hast du Auntie-Status. Titas hört man von weitem. Entweder bejaht man sich als Tita und geht da voll rein, oder man zuckt selbst bei jeder unterlaufenen Titahaftigkeit zusammen und versucht, auf den Auntie-Track zu kommen. Omas wohnen am Laufband. *No danger.*

Die Garten-Omas gehen bei Alpha-Oma Cocktails trinken, die Lehrerin zündet sich ihre Haschpfeife an und fährt in ihrem Ruinenauto davon. Übriggeblieben irrt sier mit dem Rad im frühen Abend herum, nachdenklich fahrend, manchmal zögernd: Wege sind Gedanken. Warum ist sier nur so ein heikler oder unpassender Vogel, wo sier sich überall hinsetzen könnte und tun, was sier zu tun hat, nämlich Bücher am Handy lesen? Müßig umkurvt sier Pizzaketten und Supermarktketten, gelackte Modeläden, den authentischsten Diner, der schon um zwölf Uhr mittags zusperrt, Deko-Pop-ups und alberne Craft-Beer-Lokale voller Haole, wohlernährte Monster mit lauten Stimmen, die den Service beurteilen. Sier kennt alles von außen, wie ein Wiesel oder eien anderre Zivilisationsfolgerni. Auf einem Parkplatz hält sier an, dreht sich eine Kippe und schaut zu, wie die langbeinigen, leichten, leicht ungeschickt wirkenden Kolea im Müll stochern. Sie erinnern siehn an sich selbst, wie sie unnötig schnell ausweichen, aber alles genau wahrnehmen, aber irgendwie dubios oder negativ, und dabei penibel auf Distanz bestehen. Gibt es ADHS bei Tieren? Ist es ein Effekt von Fast Food, diese Mischung aus Übersättigung und unstillbarem Hunger, in dem man sich als Existierendre so unnötig fühlt wie ein nur mehr klapperndes Regulierventil im ökonomischen Kreislauf? Auf der menschenleeren Straße wechselt ein elektronisches Plakat, auf dem Kratom beworben wird. Immer ist sier am Reagieren, auf der Flucht, arbeitend ausschließlich mit Fremdmaterial, nie auf die Idee kommend, sich etwas durch beständige Arbeit zu eigen zu machen. Seihrne Absichten sind notwendig fadenscheinig und sitzen zu locker. Aber sobald sier sie kennt, hören seihrne Absichten bald auf wie ein bergauf gerollter Ball: zu viele relevante Daten.

In den Experimenten von Narziß Ach, in Würzburg und Göttingen Anfang des 20. Jahrhunderts, wurde die Willenskraft mithilfe einer eigens konstruierten Apparatur gemessen. Der Wille galt als stark, wenn Versuchspersonen die komplexe, aber sinnlose Aufgabe gründlich und verlässlich durchführten. In diesem Sinn wäre der Wille eine Mischung aus Kontrolle und Fügsamkeit. Geschmeidigkeit. Man müsste den Willen eben mit gewissen Zielen erziehen und trainieren. Der Körper als Gerät zur Ausführung der Befehle der Gesellschaft wäre ein sichtbarer, perfekt geformter Auswuchs der Gesellschaft. Wer sich selbst dabei madig wird, wie sier, aber sich doch nicht zu einer Tita der Delinquenz entwickelt, bildet dann nicht Herrschaft oder so etwas, sondern konfligierende Strömungen mit dem eigenen Körper ab, wie jemand, dier sich pantomimisch nicht entscheiden kann. Boote, die wie Zweige im Kreis treiben (allzu selten reißt es sie in die Tiefe).

Nishida bezieht sich auf Meinong und Fichte und setzt ebenfalls als treibenden Kern der Wahrnehmung den Willen – aber wessen? Hier kommt er in seinem Spätwerk auf den Begriff der absolut widersprüchlichen Selbstidentität. Sier betrachtet diese Setzung immer wieder, versucht, Zugang zur eigenen zu finden, und fühlt sich dabei wie ein Vogel, der auf ein in Bernstein oder Glas eingeschlossenes Insekt einhackt. Sier denkt noch darüber nach, als seihrne Arme an der Lenkstange mit dem verlagerten Gewicht in die Kurve gehen, lange bevor sier bewusst die Entscheidung getroffen hat, abzubiegen. Das ist besonders anschaulich, wenn es keinen Grund gibt, in eine bestimmte Richtung zu fahren.

Wenn sier bloß für immer in Workdays verschwinden könnte, Hände nach unten gerichtet, an Gegenstände gelegt. Aber meist flattern die Hände recht unnütz im Windschatten der Lektüre. Die Lektüre verknüpft siehn mit dem anderen Kontinent.

Kākau · 書く · Schriftsprache

Sier ignoriert die Fragestellungen der Etymologie, die sich in Spekulationen über Genealogien verliert: Das Erlernen einer Sprache ist wie ein auf den ganzen Körper angelegtes Tattooprojekt. Die Muster auf Haut waren vor der Schriftsprache da. Um poetisch anständig zu sein, darf so etwas nicht zur Schau gestellt sein in einem größeren Maß, als es das eigene Verhalten wirklich prägt und durchlöchert. Klauen ist schon Segen einholen, sagt sier sich, sofern man in einer Situation ist, wo man selbst auf dem Spiel steht, kalkuliert sier frech, aber etwas nervös, hat eigentlich schon eingesehen, dass es nicht ganz aufgeht. Ein Tattoo zu klauen regelt sich fast von selbst, markiert dien Schuldigne, dier übersät von Appropriationen wie eien Idiotni aussieht. Aber hat sier selbst denn zum Schreiben den nötigen Segen eingeholt? Irgendwie schon, irgendwie nicht. Jedenfalls kann sier aus einem Gefühl der Rechtschaffenheit heraus sowieso nichts formulieren, sier geht als Schuldigre und sucht Schwerpunkt, Mittelpunkt und Durchschnittswert des Schmerzes. Von wem? Sier spürt es jetzt jedes Mal wie den Elektroschock einer Fußfessel, wenn sier von der Möglichkeit Gebrauch macht, einfach wegzugehen. Aber manchmal ignoriert sier das, wenn sier keine andere Möglichkeit sieht. Es gibt immer eine, sie bedeutet nur oft den Abbruch vieler scheinbarer Sicherheiten oder den Verzicht auf andere Interessen.

Appropriation heißt es, beruhigt sier sich weiter, wenn man nicht mit auf dem Spiel steht. Aber wer schätzt das schon bei sich selbst richtig ein? Die Strafe bekommt man dank der Polster gewaltsamer Absicherung vielleicht nicht einmal mit. Die ererbte Eigenschaft der Weißen ist, dass sie sich nehmen, was sie für Glück halten, als hätten sie es im Internet bezahlt. Flüche, Einwände und Bedingungen werden überhört oder übertönt.

Wieder sitzt sier am Meeresufer, versucht zu lesen, denkt zu viel, und seihrn Bewusstsein tauscht sich mit der Landschaft aus, anstatt auf die Zeichen auf dem Bildschirm des Handys gerichtet zu bleiben. Ein

Wille, lesbar als Intention in der vorläufigen (rückläufigen) Erscheinungsform einer Welle. Welle: als würde die Zukunft alles so ziehen, dass es aussieht wie drücken, als hielte ein Wille alles zusammen, 意思 hingegen, *ishi*, das hört sich an wie Stein, 石 *ishi*, spinnt sier weiter, mit den Fingern mit den Zweigen am Boden spielend. Das Steinkind von Dōgen. Nishida bezieht sich auf Dōgen, aber auch auf Fichte, フィヒテ, und Kant, カント. Ein Konglomerat, Muschelkalk. Begriffe aus China und Europa hängen in den japanischen Texten wie versteinerte Bivalvien und Brachiopoden.
Die Nadeln der Ironwood werden, in einer seltsamen Vision rasender Zeit, die aus dem vergeblichen Versuch zu lesen herausrauscht, aus dem ungeheuren Verhältnis konzentrierter Zeit, das sier mit dem Mobiltelefon, in Form seiner verarbeiteten Rohstoffe, in den Händen hält: gerade eben frisch gefallen, alsobald Humus, Halva, Walgesänge, Löss. Der Fluss, der zwischen den Sandbänken ins Meer floss, hat seit einer Woche aufgehört zu fließen, die Sandbank wächst zu. Halbwissen.
Nachts Angler.

You make my day full of mining I

Ein Grubenunglück ist schon das höchste Grubenglück
für wen für wen
fürwahr
Es ist nicht mehr da, was früher da war

ist schon o.k.
auch du vergehst

O o unser Berg der macht Sachen woanders für andere Leute
macht Einkauf bei Zalando von unterwegs

O mein Mann hat noch 50 Jahre zu leben, wenn er Glück hat
aber ihm tut jetzt schon der Rücken weh

You make my day full of mining II

Du willst gar nicht mehr klug sein, doch die Schlacke des Klugseins spült
dich, wo du den Fuß hinsetzt, davon

You make my day full of mining III

I have begun a project on a heart
it is all in the open
then I had to go

I opened another project on a heart
no worries, no wounds, just some pretty bows
respect respect
see you later
I had an idea for another project on a heart
I liked the area
I thought I could start a family there
keep a dog
but the dust
and off I was again
I was digging and digging
I was digging you so
but I had to go
I wake up at night
giggling
I close my eyes
and throw up
It infects my heart
because it was open
I didn't even know

IV

When outside and inside are same
you can go in and out
it is summer yet
and I am mining, mining, mining.

Rechtfertigung

Rechtfertigung ist überall, in der Epistemologie. Sollen wir uns um die Worte bekümmern? (Ja.) (Was für Fragen, im Ernst gestellt!)
Fang damit an, alles anzuzweifeln. (Ja.)
Cogito – like medal?
Cogito – throw pahty!
Leg dich zu den Zahnrädern, den cogwheels, geh die Gleise der aufgelassenen Materialseilbahn hoch, bis du aufhörst zu denken.
Die Rede von *justification*, Rechtfertigung, der Religion und der Wissenschaft, sagt J. J. Ishikawa in seinem Vortrag vor der Philosophiefakultät, kommt vom *Christian Scientist Movement* und dem damals verbreiteten Gettier. Vorher redete niemand von *justification*.
Es ist also christlicher Kirchenjargon?
Es ist reiner christlicher Kirchenjargon.
Es sind die ersten Vorträge in Präsenz seit Jahren. Die Professorenn-ni, die ganze Fakultät, alle sind aus den Höhlen gekommen, außer *das Kind*, alle sind blass, fast durchsichtig, halbgebügelt, ungekämmt wie Schlangeneier. Die Freude, einander zu sehen, quellt freudig hoch, und man denkt kurz, sie sind Lämmer. Zerbrechliches Sonnenlicht fällt durch das dichte Laub der Banyanbäume und Palmen. Air Conditioning liefert jenen seltsamen Effekt der unterschiedlichen Temperatur bei kontinuierlichem Licht. *Guises, guys, guises.*
Peeps, diers immer ausspricht, sagt: Das Problem ist nicht Rechtfertigung, sondern Isolation.
Tee-Me fragt leise, aus seihrnem sportlichen, radikalen Körper, ob wir nun Irrtum bekämpfen oder Wahrheit erwerben sollen? Plötzlich schießt eine rührende Rede aus ihrm heraus. Vom Raum kommt keine Antwort.
Ein Teil des Raums denkt vermutlich nur: Ja, die Rechtfertigung muss zerstört werden. Während der andere Teil der Fakultät nur etwas leicht Ängstliches denkt, sich allzu bewusst, dass ihr Business genau die Rechtfertigung ist, das Auffinden der Lücken in der Rechtferti-

gung anderer. Würde der Geschäftszweig abgeschafft, wären auch ihre Skills nichts mehr wert. Somit müssen sie die Rechtfertigung rechtfertigen – aber vielleicht auch einfach, weil sie es können. In der ersten Reihe springt Tenny Tenure hoch wie die Hausfront, die Buster Keaton gerade nicht erschlägt, weil ein Fenster an der Stelle ist, wo er steht. T. T., der, sagt man, noch nie einen Tropfen Alkohol getrunken hat und sich seit dem neunten Lebensjahr als Philosoph versteht, ist einer, der Begründungen bräuchte, um Güte oder Freundlichkeit zu benutzen. Er stolpert in der Eile über die vorgeschriebenen Höflichkeitsfloskeln, dann fliegen schon die Giftpfeile der Schulphilosophie, fft! fft! fft! J. J. Ishikawa fängt sie einen nach dem anderen mit der Hand aus der Luft.
Aus der hintersten Reihe kommt eine konzentrierte Stimme mit einer charakteristischen Art von Lob, das zugleich ein ermutigender Ratschlag ist. Aus der Mitte des Raums sekundiert dies eine helle Fahne der Sympathie in der Farbe der Sonne. Die Professorennni erkennen einander wieder – aber nur manche von ihnen empfinden dabei unerklärliche, existenzielle, bedingungslose Freude.

Der Vortragende verbeugt sich höflich.

Sodexo-Oden, nie geschrieben

Die Staatsbibliothek steht auf dem Urstromtal.
Es herrscht Schweigen, während das Geld Logistik.
Keinre kennt den Bereich zwischen € 0,50 und € 1,70 besser als Sodexo.
Es ist eine Familie des Todes auf Magermilchpulverbasis. Wegversicherte Verantwortung.
Ersatz für alles. Mager und ohne Freude. Da, um abzuwerfen.
Darauf heben sich die Mitarbeiternnnie ab wie Inkarnat.
Die Staatsbibliothek steht auf dem Urstromtal.
Repräsentativ bauen heißt unverhältnismäßig bauen.
Unter den Linden war 1914 die größte Bibliothek Europas, laut Webseite sogar der Welt, und hatte kein Büchertransportsystem. Jetzt irrt man durch leere Gänge, repräsentativ, aber verwirrt. Verwirrt, aber viel Geld in den Mauern. Die Klimaanlage spinnt, es ist zum Sterben heiß, aber man braucht eine Fachfirma, um ein Fenster aufzumachen. Scham beim Schleichen durch die Gänge, wegen der Millionen, die in den Gang flossen, wegen der gegen alles gefeiten Wände aus Stein, wegen der Hauptstadthybris, der Dummheit mit zu viel Geld.
Sodexo hat *a more circular approach.*
Wir treffen uns an den Untergrenzen des Zumutbaren, in dessen Non-Ästhetik in der Cafeteria.
Schweigen wir, während über die ausgewählten Marken der Familie die Kleingeldmargen einander zufließen und abwerfen. Golden Retriever, Granny Smith, Antibiotikapatente. *White white white, no noise, no chance, no life.* Jedes Gesicht, kaputt im Urteil, im Horror der totalen Ausleuchtung, ein Standbein im Gefängnis, Uni mit Schulden, Macht, Zucchini und Hygiene. Mindestlohn auf den Cent. Der Barista lacht, und der Raum lacht mit, als das Brett umfällt.

Sier möchte nicht zeichnen, nicht diese dumme Art von Imitation visueller Eindrücke auf Papier.
Sier lässt einen Tropfen Tusche auf ein Blatt fallen und bewegt das Blatt im Kreis, um die Tusche zu verteilen. Irgendwann schert die Tusche irgendwohin aus, und sier reagiert darauf schnell, um zu verhindern, dass sie vom Blatt rinnt. Der klare Zweck, Sauerei zu verhindern, der die Kreativität ersetzt, gefällt ihrm.
Wollte sier einmal irgendetwas? Der Wirklichkeit gerecht werden. Jetzt hält sier diese Formel für naiv. Seit langem besteht seihrne Intentionalität nur mehr darin, Schlimmeres zu verhindern. Der Instinkt, jener witternde, hochherzige Sinn von *amor fati*, ist der einers Beobachternis. Im besten Fall die Strichführung einers Implizierten.

Man kann ruhig sein. In der buddhistischen Logik, die die Philosophennni der Kyōto-Schule bedenken, verdrängt nicht das eine das andere. Felder überlagern sich, sie sind nicht in Form von harten Gegenständen gedacht. Das ist normal: Der Kosmos ist groß genug für – nein, der Kosmos *ist* alles, was darin stattfindet. Wo Israel ist, ist zugleich auch Palästina. Beides benötigt, beides da.
Und es ward Nacht, night indeed, *pō nō*, heißt es im Kumulipo, im ausführlichen, vielgestaltigen Schöpfungsmythos der Kānaka Maoli. Verkürzt man die Silben (perspektivisch, denkt sier als kleiner Michelangelo), kann man auch hören: *pono.* Korrekt.

Sagt Prof. Ing und tritt hinter dem Pult einen Schritt zurück. Es ist nur eine Klangähnlichkeit, fügt er schnell und vorsichtig hinzu. Reine Fantasie. Aber es passiert viel in der Nacht.

Navigation nach Gestirnen

九鬼周造 (Kuki Shūzō) begegnete ihrm zum ersten Mal durch Zufall. Zu früh am verabredeten Ort (und auf der falschen Seite des Parks, aber das wusste sier noch nicht), schlenderte sier in ein geräumiges Antiquariat, um die Zeit zu nutzen. Die Buchrücken waren überwiegend weißgrau, papierfarben beziehungsweise von der Farbe verstaubter Plastikfolie. Der ganze Raum sah aus wie ausgelegt mit verklebten, verblassten Herbstblättern, wenn sie im Frühling unter der geschmolzenen Schneedecke erscheinen. Seihrne Fähigkeit, die Schrift zu lesen, war auch noch sozusagen im Vorfrühling. Alles lag bereit, aber die Sonne war noch nicht stark genug, die Moleküle unbeweglich. Damals zog sier ohne Absicht 『「いき」の構造』(*iki no kōzō, Die Struktur von* iki) aus dem Regal, Glück hatte seihrne Hand geführt. Nicht nur bezauberte siehn das Buch, dessen Autor Kuki Shūzō war eine bekannte Figur und sollte in den folgenden Jahren immer bedeutender für siehn werden.

Kuki lebte lange als Austauschgelehrter in Europa. Zuerst geriet er in Deutschland unter die Neokantianer. Dann flüchtete er nach Paris, wo er bei Henri Bergson studierte und Sartre als Tutor engagierte. Dann war er in Freiburg bei Husserl und einem Schüler Rickerts, dann wieder Paris. Es heißt, dass Kukis Leben im Ausland seine Erfahrung prägte, wie er formulierte, als Mensch zu leben, dem es an Notwendigkeit fehlt. Diese Erfahrung soll im Hintergrund Kukis zweites Hauptwerk über die Kontingenz inspiriert haben.

Online fand sier von Kuki nur einen kleinen Text über Wortspiele, aber dieser Text gewann sofort seihrn Herz.

Zufällig entstandene Wortspiele

Ein Mensch, der bei Wortspielen ein Gesicht macht, als wüsste er von nichts, oder die Augenbraue hebt, hat ein außerordentlich leeres

Innenleben. Ein leichtfertiges Lachen wirft auf die dunkle Seite des täglichen Lebens einen hellen Schatten. Eines Tages war ich in Paris Haare schneiden, und der Friseur hat zu mir gesagt, »Des Japonais« (Japaner) bräuchten keine berittenen Soldaten mehr. Als ich fragte, was das bedeute, erläuterte er: wegen »Déjà« (schon zu spät) und »Pony« (kleines Pferd). Dieser Kalauer, gebaut, um Menschen blöd aussehen zu lassen, hatte den gegenteiligen Effekt und tröstete und amüsierte in der Einsamkeit der Fremde. Fernweh stürzt sich ja als jähe Attacke auf die Reise des Lebens. Von Zeit zu Zeit tut da ein kleines Wortspiel gut. Paul Valéry verglich ja den Reim mit einem Lächeln unter Zwillingen. Wenn ich im Folgenden zwei aus dem Zufall geborene Drillingspaare vorstelle, wird es mir gewiss niemand übelnehmen.

Das erste ist schon einmal in der Zeitung erschienen, also wird es für manche nicht neu sein. Es stammt aus der Zeit, als Herr Watsuji Tetsurō in Kyōto war. Wir wollten Professor Nishida Kitarō zu einem Ausflug nach Kibune und zum Forellenessen (Amago) einladen. Herr Amano Teijū ging zu Professor Nishida und fragte ihn, ob er nicht mit uns zum Aalessen (Anago) nach Kibune kommen möchte, woraufhin er vom Professor die Antwort bekam, dass so fette Speisen ihm ein Graus seien. Herr Amano berichtete Herrn Watsuji von diesem Grund, der ihm erklären musste, es sei nicht um Aal, sondern um Bachforelle gegangen. Professor Nishida war einverstanden, Bachforelle essen zu gehen, und der Ausflug fand statt. Das war die Geschichte, wo Amano Amago und Anago verwechselte. Amano, der in der Region Kantō aufgewachsene Übersetzer von Kants Kritik der reinen Vernunft, *kannte Aale, aber Bachforellen kannte er nicht.*

Am Ende desselben Jahres gingen dieser Herr Amano, Herr Ochiai Tarō und ich einmal an einem kalten Abend in ein Café in der Shijōdōri, um Tee zu trinken. Zum Mädchen, das uns bediente, sagte ich, Kuki: »Schwarzen Tee und einen Bisket, bitte.« »Bisket, bedeutet das, der Herr möchte ein Cookie?«, fragte das Mädchen. »Was Kuki angeht, werde ichs nicht bekommen, vielmehr reiche ich es Ih-

nen herzlich dar«, sagte dieser Kuki lachend, jedoch fühlte ich in der Brust – gu––kki! – einen scharfen Schmerz. Erfahrend, dass das alte (englische) Lehnwort Bisket durch das neue (amerikanische) Cookie ersetzt worden war, fühlte ich den Abstand zwischen der alten Welt, in der ich lebte, und der neuen Welt des Mädchens, und einen leichten Schwindel. Das war die Geschichte, wo Kuki »Cookie« hörte und ihm die Knochen wehtaten.

In Bezug auf diese beiden Situationen ist es leicht zu sagen: Kuki hat bei Cookie gu–kki empfunden. Aber wenn man versucht zu sagen: Amano hat Amago und Anago verwechselt, muss man sich ordentlich bemühen, dass die Zunge die richtige Stelle erwischt. Ich denke, das liegt daran, dass der erste Fall auf Identität und Homonymie beruht, man es also gewissermaßen auf eine quantitative Beziehung reduzieren kann, während im zweiten Fall eine qualitative Beziehung auf Basis einer Ähnlichkeit prognostiziert wird.

In Hawai'i findet sier Kukis Hauptwerk in einem Second-Hand-Buchladen. 偶然性の問題 (*gūzensei no mondai*, *Das Problem der Zufälligkeit*). Kuki kämmt darin mit den Geräten der europäischen Philosophie das Problem des Zufalls, wobei er immer wieder auf die Literatur kommt und die Wirkungsweise von Reimen, Assonanzen, Wortspielen analysiert. Der Zufall in der Sprache beschäftigt ihn so sehr, dass er einen Aufsatz über verschiedene Homophone seines eigenen Namens schreibt. Sier wird mit diesem Buch Jahre verbringen, an der Frage nagend, was es eigentlich für ein Problem oder eine Frage ist, vor der Kuki immer wieder in literaturwissenschaftliche Betrachtungen und Anekdoten flüchtet. Auch Kuki starb viel zu bald mit Anfang fünfzig, und sein Hauptwerk weckt Ratlosigkeit. In die Metaphysik sei er gefallen. Vielleicht erscheint es ihrm nur durch den Vorhang der Fremdsprache so, wie Sterne, die sier kennt, mit neuen Namen zu sehen.

Wenn sier Wortspiele erlebt, die mehrere Sprachen überschreiten, dann fühlt sier unfehlbar jenes *gu—kki!*, dessen Schilderung bei Kuki siehn so eingenommen hatte, als sier durch den Fliegenvorhang der unzulänglichen Sprachkenntnisse hindurch las, gewiss in einem halben Missverständnis lesend, wie eine Fliege über ein Buch geht. Kuki war seither ein Stern in seihrnem Sternenhimmel wie die Pleiaden, eine mythologische Figur. Als ob der tote Autor eine schützende, nein, verständige, segnende, nein, nur bezaubernde Hand über seinne Leserni in der Gegenwart ausstreckte. Wortspiele reicht sier ihm dar wie Nordlichter, die keinre sieht, weil alle in ihren Betten sind. Dabei wärmt sier sich wohl hauptsächlich am eigenen Vertrauen. Sier würde öfter ins Gefühl der Hilflosigkeit auf dieser Welt sinken, wenn nicht Figuren wie Kuki erlaubten, sich auf Punkte zu beziehen, die weit in der Ferne und weit in der Vergangenheit liegen.

Wacht nachts auf mit einem Schrei a

uf den Lippen. Eine ganze Wüste in der Kehle. Im Traum hatte sier mit jüngeren Schwestern gespielt, bis ein Sturm aufkam. Sier sieht sie rennen, und dann merkt sier, warum. Der Sturm weht ganze Äste, ganze Bäume durch die Luft, Fahrzeuge, Hauswände. Die Luft ist voll Glassplitter. Der Zombiewind macht weißgrau, wie die Unterseite eines Flügels, was er berührt. Vor seihrnen Augen verwandelt sich die Welt in Asche. Im Traum nimmt sier die Freundin der Schwester, die zufällig am nächsten steht, in die Arme, begreifend, dass es keinen Unterschied macht, ob man Schutz sucht oder nicht, da der Schutz im nächsten Augenblick davongeweht werden wird.
Am Vorabend hatte sier beim Arbeiten eine Packung Chips verzehrt, deren trockene Würzsubstanz etwas von zerpulverten Welten hatte. Die Chips waren surreal verbilligt gewesen. Sie hießen Hot Blue, die Deko enthielt die übliche Erzählung von idealistischen artisanalen Chipsproduzenten. Waren sie etwa verbilligt, weil Leute, die sie aßen, über Heimsuchungen klagten? Ob sie tatsächlich etwas Verpulvertes enthielten, das zu Horrorvisionen führte, verpulvertes Grauen? Schon wieder hat sier das Gefühl, dass sich ein Scherz wie eine Sternschnuppe der Wirklichkeit nähert: Das Lachen verglüht beim Eintritt in die Atmosphäre.
Am Nachmittag hatte sier auch Kaffee getrunken, bei dem einen Stand, der keine Kette war, der immer früher zuzumachen schien, weil den Leuten ihr Leben wichtiger war als der Dienst. Kaffee ist natürlich sowieso global mit allem Schlimmen verbunden, als Resultat und als Ursache selbstzweckhaften Eifers. War es diese fernwirkungsökonomisch wie koffeinmäßig untragbare Brühe, als deren Effekt die Welt ihrm als ausgebrochenes Gesicht, als von überdimensionalen Winden durchfegte Mülldeponie erschien?

Der Stoff trennt sich nicht auf, er nutzt sich nur ab.

Zunächst fiel dir auf, dass du dieselben Wege gingst,
hin und zurück, hin und zurück,
und du bemühtest dich, in dem Abend seiend, sie abwechseln
den Fußes zu gehen, hin und zurück, zurück und hin.
Wo was ist, gibst du nichts hin, wo nichts ist, etwas,
das gebieten die Anleitungen zur gleichmäßigen Verteilung.

Taktung und Rahmung schrieben sich zuerst in den
Körper der Webenden. Die Kette hing
um die Taille, verband sie mit einem Baum,
bis das Stück fertig war. Eigentlich braucht man
drei Hände, um je einen Teil der Kettfäden
zu heben und zu senken, das Schiffchen durch. Der Wurf
oder Schuss steigt dadurch in eine höhere Dimension.
Statt in den Wellentälern zu versinken und
aufzutauchen, ist der Weg des Schiffchens jetzt einfach geradeaus.
Ob es Gespräche gab, Träumereien an einander
Haut, das Wissen der Haut erlernend ohne Worte,
zwischen Webernnnie und Schiffernnnie?

Pedale wie bei Orgeln bekamen
die Webstühle, um komplexe Muster der Präzedenz
die Stoffe strukturieren zu lassen. Die Stoffe
bekamen Namen nach der Gegend, die sie machte.
Die Balken zogen von unten an Schnüren.

Am anderen Ende der Welt saßen sie in Kreisen und
klopften den Kapa mit Mustern in Liedern, Segen
in die eingeweichten, aneinanderliegenden Bastfasern.

Wo Orgeln vor stummen Gemeinden orgelten
in hohen Räumen in heiliger Zeit, wo eiserne Klammern,
von Menschen verlegt, die Abbaugebiete
mit Verarbeitungsstätten an Flüssen und Bächen vernetzten,
wurden Webernnnie in kleine Einzelhäuschen gesetzt,
wo der Lärm der Webstühle die Kinder taub machte, das
Kindergeschrei die Webernnnie.
Zeit wurde gestaucht und gedrängt von gedrückten Preisen,
achtlos gegen den Verschleiß von Verstand und Gesundheit.
Ihr kleiner Fürst baute Häuschen, trieb sie zur Fortpflanzung an,
dann kam billige Baumwolle aus Indien und der Plan mit dem
Flachs fiel flach. Die Bevölkerung, die den Profit garantieren
sollte, war jetzt eine zu versorgende. So oder so war der Blick
auf die Leute schräg angesetzt wie *Leverage, Lauge*.
Resignation und jähes Geschrei, kleine Resultate großer Ideen.
Ideen muss man in die Kette einschießen und sodann die
Positionen wechseln, dass sie nicht mehr entfernbar sind.
Einkaufskooperativen, das geht,
verfaulende Ballen, Gasmasken ohne Filter,
Bänder, Bänder und immer wieder ein Sommer.

Einem Kind, das wegging, würde man Glück wünschen.
Sicher erlebt es etwas, freundet sich an mit auch von zuhause
weggegangenen polynesischen Kollegennni.
Die Heimat ist ein gestreifter Muskel,
eine bittere Kenntnis, ein gefegter Landstrich,
Schnee und Wind wie Wangen, die deinen wohl
in der unwiederbringlichen Vergangenheit.
Vielleicht war etwas in den Webernnnie,
was sich geradezu aus Gewohnheit verschwinden sah,
zwischen den Bäumen noch blinken.
Vielleicht hat der Umgang mit Stoff so etwas antrainiert,
das verwechselte, was der Stoff und wer dier Weberni war.

Die schon zu lange lecken Treibstofftanks

Red Hill – das Stichwort genügt, um die Lehrerin zu triggern. Das Militär hat in der Koʻolau (windseitigen) Gebirgskette Tanks voller Flugzeugtreibstoff für den Militärflugbetrieb gebaut. Das wurde von Anfang an von vielen als Verbrechen angesehen. Die Tanks sind jetzt auch noch leck, und das Militär weigert sich, sie zu reparieren. Aktivistennni protestieren und werden abgewehrt, indessen leckt das Öl weiter ins Trinkwasser – auch in das der Militärangehörigen rund um Pearl Harbour: von allen. In den letzten Wochen kommt das Stichwort in fast jeder Unterrichtsstunde vor.

Die Lehrerin ist Aktivistin und überhaupt *a smooth operator.* Sie revolutioniert seihrn Konzept von Ideologie: Das ist Bildung. Wenn die Lehrerin spricht, fließen starke, kontrollierte Worte. Die Worte sind verbunden mit Gesten, die eine Sprache bilden, die sier langsam zu lesen lernt. Zunächst: zu erkennen, dass es sich um Lesen und nicht bloß um Anschauen handelt. Lesen und Lernen geht, wie bei den chinesischen Schriftzeichen und bei Choreographien, durch Nachahmen, Wiederholung. Es sind Mudras: Haltung, Bedeutung und Praxis.

Aber sogar die gestenmächtige Lehrerin verzweifelt an der Ohnmacht ihres praktizierten Wissens gegen gewalttätige Systeme der Ignoranz. Das US-Militär stellt Wände auf, selegiert Information, verlagert die Beweislast auf die Protestbewegung. Bei den Rechten wird Macht im Kampf gegen Fakten erprobt. Reden wird im Umkreis der Uni generell wie Sport angesehen und Sport als etwas, wo es darum ginge, Gegner zu besiegen.

Unten auf der Makai-, der Meerseite des Campus läuft ein Baseballspiel, als sier oben auf der Böschung vorbeigeht auf dem Weg zu den Dorms. Ein Karaoke-Projekt wurde im Discord gepushed, aber es wird einen letzten Anstoß vor Ort brauchen. Im Flutlicht schaut das Baseballfeld aus wie ein Carambol-Tisch mit selbstbewegten Bällen, jede Figur relativ zu jeder anderen.

Als sier bei F ankommt, sitzen schon drei oder vier Kommilitonennni neben leergegessenen Wegwerfbehältern. Sie streiten über Mahler und starren auf den Katzen-Entertainer-Roboter, der ein komplexes Programm von Federfuchteleien, LED-Lichtspielen und motorischen Gesten vollzieht. Ohne Anlass rollt er plötzlich los, nähert sich Menschen, zögert beim Stuhlbein. Die Studentennni scherzen, dass das Gerät bestimmt von der chinesischen Regierung als Wanze benutzt wird, um die Gespräche von Leuten abzuhören. Es kann eigentlich nicht anders sein, bleibt der Gedanke, während das Lachen abebbt. Technisch werden mit Sicherheit Daten gesammelt, nur, von wem, oder nach welchen Suchkriterien werden sie ausgewertet? Was könnte man von der Art von Leuten wissen wollen, die so etwas für ihre Katze kaufen? Oder geht es um das Potential, irgendwann gegen jeden Menschen auf der Welt etwas in der Hand zu haben, weswegen man sie potentiell festnehmen könnte, per Stichwortsuche? Die Finger der globalen juristischen Netzwerke sieht sier plötzlich in den Bewegungen der buntgefärbten Federn des Roboters wie die Fühler von Seeanemonen auf Zufälle warten, von Zufällen bewegt. Und es ist dabei die Grobheit in der Feinheit, die Ungenauigkeit des Zugriffs menschlicher Kategorien, die ihrm Angst macht.
Auf eine Art, sagt sier sich, seien sie doch mit den ziellosen Spaßantrieben, Avocados und Hühner verbrennend, wie ein oller Treibstofftank, und in dem Maß, wie sier fehl am Platz ist und aneckt, leckt die Motivation, und sier ist verwirrt von den nötigen Versiegelungen und Abwehrmaßnahmen gegen die Umwelt, gegen Vorwürfe, gegen sich selbst.
Lass uns gehen!, ruft sier plötzlich, aufspringend. Kommt, anziehen, los! Ich will euch singen hören!

Maunawili Maß

Nachts hört sier manchmal Lachen aus dem Lo'i, aber geht alleine zum Park auf der anderen Straßenseite. Sier raucht und liest auf dem glühenden Bildschirm vom Handy Erklärungen über die *absolut widersprüchliche Selbstidentität*, diesem dynamogleichen Text von Nishida.

Es ist gemäht bis an den Rand des undurchdringlichen Sumpfs. Wo einst Lo'i oder Fischteich war, ist jetzt ein kleiner Basketballplatz. Man muss mit Freundennni kommen. Tennisgemeinschaften am Wochenende, abends bei Flutlicht. Sonntags Kinderspielplatz. Streunende Katzen, Kakerlaken, Einsame vor dem Klo. Unter dem Jausentisch: Nägel, die wie Fischschuppen aussehen.

Wenn ein junger Mensch lächelt, bewegt sich der Vorhang des Schicksals.
Wenn ein alter Mensch lächelt, fühlt man die Schwere von allem, was in einer Bruchteilsekunde bewegt wird, und es explodiert im Gehirn,
es kränkt, es lässt dich ohne Hoffnung, lauf weg!

Es sind Fischschuppen, die wie Nägel aussehen.

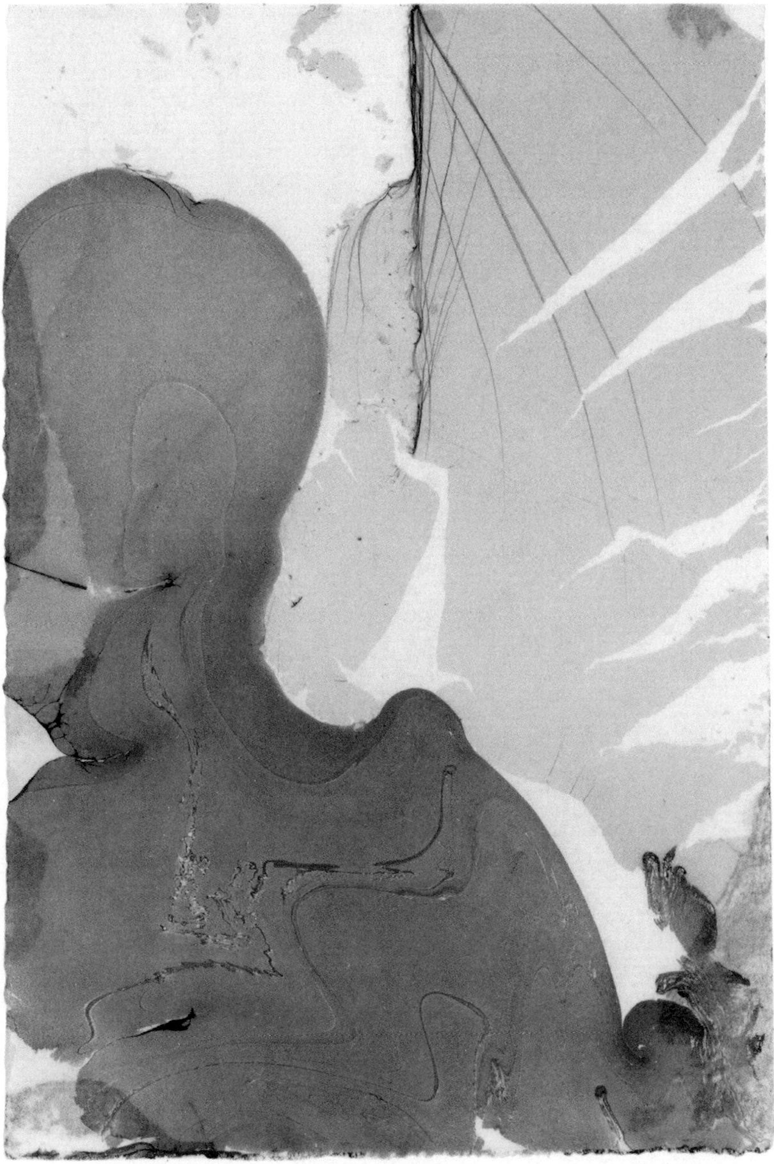

Schatten · Fortbewegung

Alt werden wie ein umhergehender Baum, und lieben, womöglich Belangloses.

Einen Wind, eine Stunde wie einen Mundvoll Regen.

Wie wenn es so heiß ist, dass du stehst, in einem verewigten Augenblick auf den Bus wartend, und das Wasser aus der Mitte zwischen deinen Brüsten hervorquillt, um sie herumrinnt, und wenn du den Stoff des Hemdes unter ihnen berührst, saugt sich der Stoff plötzlich voll, wie zwei Augen unter den Brüsten, wenn aber der Wind weht, schauderst du wie ein *industrial scale* Air Conditioner, der sich ausschaltet, denn der Wind sagt, bald ist es wieder anders, und du glaubst ihm.

Gebrannte Gefäße・焼物

Knowledge, like clay worked too long, it falls over, merkt Manulani Aluli Meyer an, die am Freitag den Kolloquiumsvortrag hält. Sier sitzt wie immer in der letzten Reihe, obwohl da nur zwei Stühle sind und, wer sich da hinsetzt, Lacher erntet. Seihrne Faust erinnert sich daran, wie man die richtige Art von Schlammbrocken aus der Tiefe holt, die eine bröckelnde Lo'i-Flanke gut stützen. *Holographic knowledge* ist der Titel des Vortrags, und Manulani Aluli Meyer zeigt eine Reihe von etwa dreißig bis vierzig begrifflichen Triaden, die sie in verschiedenen Feldern im Bereich der Bewusstseins- und Wahrnehmungsbeschreibung, Ontologie, Phänomenologie, Mystik, Staatstheorie und verschiedenen Religionen gefunden hat. Der Saal ist heute übervoll, und die Säule wird von vierzig oder fünfzig Gehirnen gleichzeitig nachvollzogen, als die Vortragende – in hawaiianischer Tradition den Frontalunterricht boykottierend – das Publikum auffordert, mit derm Sitznachbarni die Begriffe durchzudiskutieren. Neben ihrm sitzt ein nichtbinärer Mensch mit langen Locken, dien sier kaum anzublicken wagt. Sier versucht, die Verlegenheit zu verstecken, in die siehn derssen Schönheit versetzt. Und wie heißt die Person? Und was hat sie gesagt? Sier weiß es schon nicht mehr, so beschäftigt war sier mit den aufflammenden Schönheitstheorien. Und die Person merkte genau, was da passierte. Aufhören! Deswegen braucht man Beziehungen, du Trottel, um nicht dem Visuellen so ausgesetzt zu sein. Sprich!
Manulani Aluli Meyer nimmt wieder das Wort. Sier erzählt vom Tod einer Kollegin und wird beim Sprechen nach und nach von Symptomen des Weinens gebeutelt. Sie spricht einfach weiter, während die Tränen ihr über den Kopf strömen und in die Blumenschlangen fallen, mit denen sie zur Begrüßung überhäuft worden war.

Olomana, Overdressed

Bevor sier wegging, hing ein überlebensgroßes Plakat eines Schwarzen Models in einem rosa Ballkleid in einem Supermarkt über dem Eingang zur Äußeren Mahü am Wiener Westbahnhof. Es war eine Kampagne des Versandhandelshauses Zalando: *There is no overdressed*, und *Ich veränderte mich, als ich mich öffnete.* Slogans, die im Kopf hallen, der eine mit der Ahnung, dass man das schon mal gehört habe, der andere mit der Schönheit mechanisch übersetzter Sprache. *It flusters my Misstrauen.*
Das Plakat hatte siehn beeindruckt, ihrm auch Demut eingeflößt und ein Tasten nach dem Haken ausgelöst: Eignet sich hier eine Kleiderfirma Weisheit an? Ist es schon eine, die eine künstliche Intelligenz aus Statistiken errechnet hat unter der Vorgabe zu bestimmen, welche Szene den Nerv des Moments treffen würde? Wäre das Punctum nichts Magisches, sondern die Faszination der Differenz der Wirklichkeit zu einem errechneten Durchschnitt? Sier wandert den Pfad auf die drei Bergspitzen von Olomana hinauf und beginnt aufs Neue, die Sache zu analysieren. Die Gipfel sind nach einerm Herrscherni, seinerm Beraterni und Liebhaberni und derm Hüterni des Fischteichs benannt und verkörpern somit drei Freundennni und Kollegennni als Säulen der hawaiianischen Regierungsstruktur. Die Gipfel sind von Hikernnnie überrannt, die in knappen Spandex-Kreationen über den Klettersteig schwärmen, schlammbedeckt und euphorisch von ihren sportlich-spirituellen Naturerlebnissen zurückkehren, manchmal aber auch zu Tode stürzen oder, so empfiehlt eine Rate-Your-Hike-Seite, sich mit dem Hubschrauber retten lassen, um sich den Abstieg zu sparen und Fotos aus der Luft zu machen. Vielleicht ist ihrm aus den Überlegungen heraus, wie sier seihrn Ressentiment gegen die ganze Haltung des Sports generell von der Entrüstung über den fehlenden Respekt für die Gipfel trennen kann, deren weicher Stein unter den Füßen der Abenteurernnnie erodiert, die Zalando-Kampagne mit dem philo-

sophisch auffälligen Slogan eingefallen. Die Schönheit der scheinbaren Übersetzungssprache, deren Ähnlichkeit mit der vorsätzlich künstlichen Schönheit von Figuren wie Lil Miquela siehn nicht loslässt. Die dreieckförmige Komposition ließ das androgyne Model im Supermarkt auch als Gipfel in Erinnerung bleiben, gegenüber der einer Felswand nachempfundenen schwebenden Konstruktion des neuen Bahnhofsbürogebäudes.

Im Internet war sier in ein Recherchewurmloch geraten, als sier versuchte, den Namen des Models herauszufinden. Im Nachhinein war das Plakat nicht aufzutreiben, wenigstens nicht mit seihrnen Suchmethoden. Dadurch fühlte sier sich lebensuntauglich. Informationsmassen gehorchen denselben Gesetzen wie Wellen, Surfen kann man aufgrund dieser Komplexität nur durch Üben lernen – und sier kann es nicht einmal im Internet, obwohl sier da so viel Zeit verbringt. Das weist auf Ungeschick hin, auf einen völligen Mangel an Strategie, den sich nur Privilegierte, Beschützte leisten können. Irgendwann, als sier schon gefühlt nicht ausschließen konnte, das Plakat geträumt zu haben, kam der Verdacht auf, das Model könnte Shudu gewesen und deshalb plötzlich verschwunden sein. Shudu war eins der ersten volldigital generierten Models, gefeiert als endlich mal sehr dunkelhäutiges Supermodel mit natürlichem Haar, dier spezifisch und mit Absicht afrikanische Schönheit zu präsentieren schien. Als herauskam, dass Shudu eine digitale Persönlichkeit war, von einem weißen Londoner Digitaldesigner gebaut und vertrieben, ging eine Welle von Bestürzung und Entrüstung durch die sozialen Netzwerke. Die Bilder, die als selbstbewusstes Image, als Reappropriation der Ästhetiken durch eine Afrikanerin Euphorien erzeugt hatten, sahen mit dem weißen Autor plötzlich wie rassistische Kolonialmemes aus. Es geht um die Kontrolle der Produktionsmittel, murmelt sier in sich hinein, um Schwärme vorauseilenden Rumargumentierens aus dem Kopf zu jagen. Auch wenn diese aus dem eigenen Körper bestehen. Reproduktionsmittel sind, wie sich zeigte, schlüpfrig und schwer zu regulieren. Kein Original zum Festhalten, ein Fake ohne Wurzeln wächst auf verschiedenen Böden nach, wie

eben die Memes, die zwischen Afrika, »Afrika« und »›Afrika‹« glitchen. Als könnte man alles so verarschend behandlen wie »Frauen« – wie »Frauen« sich selbst als Frauen und »›Frauen‹« zugleich. Es ist nicht gleich, nein. Kein Canyon gleicht dem anderen, aber in alle rinnt Wasser, wenn es regnet.
Umgefallen, unbeholfen surft sier weiter. Aber vorsichtig, seihrne Instinkte beschneidend wie Rosen, wie Hecken, wie tropisches Gestrüpp eien Gärtnerni, in der subtraktiven Methodik, die punktuell besehen grausam erscheint, aber ganz ruhig mit Tod hantiert im Wissen, dass alles die ganze Zeit nachwächst. Konnte sier *at the end of the day*, wie sie in Gambia so oft sagten, die Figur als Queen der Äußeren Mahü einfach feiern und dabei ignorieren, dass ein multinationaler Konzern dahintersteckte, dessen Geschäftsmodell auf strukturell toxischen Organisationsformen beruht? Es kommt nie, *the end of the day*, eigentlich, irgendwo ist immer Tag. Deswegen kann man es mehrmals am Tag sagen, eine Art Interpunktion, eine Geste wie mit der Handkante gesetzt.
Die zwei Fakten kann man voneinander getrennt betrachten, probiert sier. Man kann die Finanzierung des Plakats zur Kenntnis nehmen und die Freude darüber nicht mit der Firma verbinden. *Take the money, use the medium, undermine the message*. Eine riesige Schwarze Person am Westbahnhof: Gut. Sehr gut sogar. Was ist eigentlich mit der Immobilie, steht die nicht seit Jahren leer, seit der Elektronikladen starb?
Innerlich kommentarlos geht sier an den frisch eingetretenen Scheiben der geparkten Mietwagen der Hikernnnie vorbei. Heimgekommen hängt immer noch das Bild des überlebensgroßen Models in seihrnem Bewusstsein, also paddelt sier noch einmal im Internet los, um zu lernen, wie das Versandhaus funktioniert. Schweizer Medien kritisieren die fadenscheinigen Nachhaltigkeitslabels, deutsche kritisieren das Programm zur gegenseitigen Überwachung der Mitarbeiternnnie. Auf der Webseite der Firma selbst werden Interessengruppen gezeigt, die verschiedenen demographischen Kategorien zugeordnet sind. Ihrm schwant, dass die Gruppen hier nicht

nur gegeneinander ausgespielt werden, sondern auch vermutlich die Stelle einer Gewerkschaft einnehmen. So macht man Regen, durch Steuerung der Kondensation.

Rost · 錆

Seihrne Untersuchungen zur Entwicklung der Werttheorie setzt sier zunächst am Anfang des 20. Jahrhunderts an. Der Grazer Philosoph Alexius Meinong hat damals, parallel an Kultur und Ökonomie denkend, den Finger auf grundlegende Konstruktionsfehler beim Modellieren von Werten in der Übertragungszone zwischen Kultur und Ökonomie gelegt. Die Originalausgaben seiner Bücher liegen an der altersbedingten Ausleihgrenze; das Papier ist billig und fragil, aber es gibt keine anderen Ausgaben. Wenn sier den Geruch der zerbröselnden Seiten riecht, deren Farbe miniermottenbefallenen Rosskastanien ähnelt, fühlt sier Sehnsucht nach einer konkreten Abläufen angeschmiegteren Zeitrechnung, in der der schnellste Austausch auch bei heißen Debatten in der materiell von Lieferketten und Druckarbeiten getakteten Form dieser vergilbten Termitenfutterbündel stattfand. Sehnsucht zu fühlen nach einer Zeit, in der man selbst nicht möglich wäre, ist eine unheimliche Sache, aber als Frau ist das normal. Der Gedanke beleuchtet die Gegenwart so, dass man die eigene Unmöglichkeit oder Fragilität bemerkt: Wie leicht man abrutschen könnte, wie wenig man fehlte.

Wie angeschnittene Äpfel lässt sier Bücher andauernd halb gelesen liegen. Ihre offen liegenden Ränder oxidieren auch in seirhnem Hirn und werden süß und mürbe und ziehen Fliegen an. Es wäre möglich, wenn man gerade so drauf ist, mit einem feinen Messer immer nur diese süße Schicht abzutragen, und das wäre wohl Lyrik. Doch will man mehr als zwei Zeilen schreiben, überholt die Ungeduld, die Verarbeitungslust das Mürben. Man überlegt, dass die Sätze geradezu ihre Bedeutung verlieren, wenn sie so süß werden.

Im Versuch, Zusammenhänge aus den übergroßen, zerpulvernden Büchern in die Zeitrechnung der Gegenwart zu retten, tippt sier Exzerpte von Schlüsselstellen in das noch ephemerere Medium seihrnes Handynotizblocks, um sie in verschiedenen Kontexten auszuprobieren. Sier muss mit der Wertetheorie herumgehen; die Theoretikernnnie haben so eine Tendenz, nur an die Beispiele zu denken, die zu ihrer Theorie passen. Auf dem Weg über die Hügel, im Blinzeln müder Augen über dem Meer ist genug Platz: Hier treffen die Überlegungen von Meinong und das Plakat von davor aufeinander.

In der Geschichte der Nationalökonomie spielt der Wertbegriff längst eine hervorragende Rolle: das begreift sich schon daraus, daß der sogenannte Tauschwert der Güter ohne Frage ein Wert in diesem Sinne ist. Äußerlich rangiert auch der dem Tauschwert so gern entgegengesetzte »Gebrauchswert« unter diesen Gesichtspunkt.

Marx, war ihrm aufgefallen, kam namentlich im ganzen Buch nicht vor, obwohl er die Luft vorgekaut hatte.

[Gewisse] *Werte hat man in der Nationalökonomie auch wohl als objektive Werte bezeichnet, um ihnen* [andere] *als subjektive Werte entgegensetzen zu können. Ich meine, diese beiden Termini dem Ausdruck eines anderen Gegensatzes vorbehalten zu sollen.*

Wäre seihrn Plan aufgegangen – wäre sier drangeblieben –, hätte sier bis zur Vollendung beobachtet, wie Meinong die Begriffe auseinanderhämmert wie eien Kapa Klopfendre die Fasern der Wauke, aus denen Hawaiianernnnie Kapa machten: Papier, das man am Körper tragen kann. Kapa schützt Neugeborene wie Tote und verbindet dank der korrekten, der Zusammenhänge bewussten Klopftechnik und dessen konkreter, gemeinsam erlebter Dauer Menschen und geistige Umwelt. Das wäre freilich eine allzu freundliche Beschreibung von Meinongs Arbeit. In Europa hatten die Denkernnnie das Sinnliche eher ausgelagert – bis auf die Perserteppiche, den Tabakrauch, den Tee und den Kaffee, die als Importwaren sozusagen vom Herstellungskontext desinfiziert ankamen. Sie standen nicht für Eingang und Teilhabe an den heiligen Prozessen der Arbeit, sondern für einen falschen, gewaltbasierten Mythos der Verfügbarkeit. Nicht (zumindest nicht offiziell) wurde unter Anrufung der Göttennni formuliert und in heiligen Akten signifiziert, sondern unter Aufwendung von Rohstoffen wie Papier, Tinte und geheizter Zeit wurde Überblick produziert, scheinbar auktorial, heroisch und eigenmächtig. Fremdwörter zeigen die Verborgenheit der Prozesse gegenüber den Nutzernnnie. Papierfabriken lieferten Papier, Löhne wurden gedrückt, Prozesse optimiert, Papier wurde zum Wegwerfprodukt. Jedre Bartträgerni konnte wie ein kleiner Beethoven Entwurfsblätter genialisch zerknüllen und ins Feuer werfen. So eien Schreibendre arbeitete aber auch umgeben von Frauen: Frauen in der Küche, Frauen, die hereinkamen, um Feuer zu machen, vielleicht auch ein männlicher Diener mit Tee. Frauen herumrauschend in ausführlichen Kleidern, die ganze Zeit overdressed, in Kleidern, innen von Walknochen geformt. Nachts betrachtete man sie im Schein von Lampen, in denen Walfett verbrannte. Die Stoffe kamen aus armen Regionen auf der ganzen Welt, je nach Steuerlage. Um den Fluss von Rohstoffen und Waren zu gewährleisten, war brutaler Sadismus ein kostbares, hoch angesehenes Gut, und die entsprechenden Kinder wurden dazu erzogen, es wurde mit pikantem Lachen gefeiert, wenn eien jungre Herr oder Dame sich standesgemäß herrisch benahm gegenüber den Dienernnnie und Erziehernnnie, auch das war Witz, Sprüche klopfen: Eine Lehre in sadistischen Techniken, die aus Spielen der Dominanz durch laufende Erhöhung des Grads der Brutalität einen verlässlichen Knochenuntergrund von faktischem Ernst verfügbar machte, über dem die moderne Ironie, an der wir heute letztlich den Wert der Kunst bemessen, verlässlich schwebte.

Das Rauschen der Frauen, ihr Hantieren mit diesen extrahierten Stoffen, ihr Unglück und ihre Komplizität wären, könnte man sagen, White Noise, geklaut vom Kosmos. Sie wurden mithin wie *pets* gehalten, absichtlich abgeschirmt vom Wissen über die unfassbar horrende koloniale Realität, die ihre Umgebung ausstattete und sie als ignorante oder wissende Benutzerinnen von Luxusgütern zu Mitschuldigen machte. Diese eklige Mischung aus Schuld und Ignoranz steckt im Wort Dame. Ha, es gibt doch Antworten.

Alles, was da ist, wird als eigen angenommen. Der Geruch dieser Dinge ist der von Eltern. Gerüche von Bürgerhäusern voller Kolonialwaren flößten noch das ganze 20. Jahrhundert hindurch Nostalgie ein, während die Gerüche von Reinigungsprodukten die Räume füllten. Die Arbeitsgegenstände der Denkernnnie rochen

nach Tinte, nach Leder, nach Sonne auf Staub, nach Kaminfeuern im Winter.
Man wusste, wo Lippen in Bärten zu finden wären, auch um sie zum Schweigen zu bringen. Viel spricht auch für Lippen ohne Haare, aber man kann mit beiden umgehen.
Die Werte verlagern sich also, um die Sklavenökonomie zu beherbergen, und es braucht Arbeit, um dabei die althergebrachten Erklärungsmuster aufrecht zu halten. Armeen von Männern in Anzügen arbeiten an einer mechanistischen Artikulation und bauen Erklärungen von allem, was aufkommen mag. Verstehen und kontrollieren zu können heißt manchmal nur, alles andere in Schwaden von Text über Verstandenes zum Verschwinden zu bringen.
Meinong ist aber penibel, und dadurch wird sein umständlich dahinfließender Text durchlässig für Probleme, Wirklichkeiten. Er schreibt an einer Stelle, genaugenommen sei ein Bedarf ja keiner, sobald er gestillt sei, lässt den Gedanken aber fallen. Er gibt zu: *Schon für den Wert des Geldes, noch deutlicher aber für den eines Andenkens ist es doch ganz wesentlich, daß jemand da ist, für den das betreffende Objekt Wert hat.* Wohin geht es von da?
Majakowskij schrieb ja auch um dieselbe Zeit, als poetischer oder paranoischer Ökonom des Gebrauchswerts: *Die Sterne sind da, weil jemand sie braucht.* Man könnte ergänzen, dass die Sterne in verschiedenen Gegenden in Zusammenhang mit ihrem jeweiligen Gebrauchswert auch schon benannt und bekannt sind. Als sier den Schwan brauchte, sah sier ihn. Kurz darauf wurden ihrm im Internet Schwanwerbungen gezeigt. Sier duckt sich darunter durch.
Unpersönlich nennt Meinong die Werte Wahrhaftigkeit, Treue, edle Gesinnung etc. Nur ein kleiner Schubser, und er taumelte, in den Bart murmelnder Zeitreisender, in Gruppen hinein, die von *kinship* reden, von Kollektivbewusstsein oder von *pono.* Im Europa Meinongs nehmen die Institutionen und Firmen, alliiert mit konservativ oder religiös kodierten Ethiken, diese Stelle ein. Bloggend nach dem Exit aus einer australischen Uni stellt Sara Ahmed den Wert der Treue in Frage. *Learn: loyalty can be how some do not, or even will*

not, notice the violence that happens right in front of them. What else does loyalty stop us from noticing? Is loyalty how spaces are occupied by what and who is screened out? Sie meint die Treue zur Institution oder zu Freundennni und schreibt aus der Perspektive von Marginalisierten, denen erlaubt wurde, in ein bestehendes Befehlsgebäude einzutreten, nur um drinnen festzustellen, wie leicht man eher wieder herausfällt, als dass sich die Institution ändert, um einne als Wirklichkeit zu akzeptieren.

Wir ohne Wurzeln, die nirgendwo hingehören, als wo wir unter den Bedingungen der Assimilation akzeptiert werden, sind treibende Algen, aber keine bedeutungslosen Buchstaben. Wurzeln sind biegsam und brauchen stetig erneuerte Erde, sind der Baum und nicht das Gebäude, und wir liefern diese Erde, indem wir auseinanderfallen. Es ist die starre Bauweise weißer bzw. ideologisierter Loyalität, die das Problem ist. Das Dabeibleiben erstreckt sich in die Lücken, Shifts, Glitches, etwa zwischen konkreter und allgemeiner Bedeutung. Man muss wohl, schließt sier, zugleich treu und untreu sein, dableiben und immer wiederkommen, ohne vielleicht jemals dazuzugehören, und doch nicht weggehen. Sich gefallen lassen, toleriert zu werden, als temporäre Arbeitsfläche. Sich einmischen, aber doch wieder weggehen, *maquis*, nicht Aufseherni. Bis einmal jeder Mensch legal ist, ist eigentlich jeder Mensch illegal, weil man ein solches System nicht ernst nehmen kann. Also muss man stets freundlich sein, ungeschützt sein, sich nicht verstecken. Aber wem hilft diese oder jene Aktivität, in der Strömungswissenschaft der Aufmerksamkeitsökonomie? Das muss man doch verstehen?

Wir sind in Bezug auf Ästhetik Konsumentennni und Produzentennni zugleich, Gewichte in einer großen Maschine, die Zeit, Energie und Raum ständig herumverlagert, auf der Suche nach Balancen, deren Dynamiken verlässlich zu Imbalancen führen, die wiederum in Balancen zurückgeführt werden können, um wieder zu fallen, in Bewegung zu geraten. Hierbei existiert gar kein Bewusstsein, sondern es werden die ganze Zeit die Skripten der Ästhetik ausgeführt.

Sier schüttelt den Kopf, verortet sich wieder, in oder mit diesem Bewusstsein, das es nicht gibt. Ein Hahn kräht, ein anderer antwortet weiter oben im Tal. Die Sonne steht tief und ein kühler Wind kommt auf. Sier steckt das Handy in die Tasche und nimmt wahr, im Maß, wie sier wahrnimmt, ist sier hier, und doch genau in diesem Maß auch durchlässig, ohne Urteil. Ein warmer, sachter Wind mit wenig Tropfen begleitet siehn an den Rand der Häuser, deren Lichter gerade angehen. Sier wartet auf den Bus, und Meinong in seihrnem Telefon rekapituliert die Arten von Wert, die er unterscheidet: *Größenwert, Wert als Würdigkeit, Leistungswert und persönlichen Wert, außerdem noch Schönheits- und Wahrheitswert.*

Er greift die letzten beiden auf: *Das Schöne und das Wahre – nebst ihren Gegenteilen –, insbesondere also Kunst und Wissenschaft.* [...] *Unter Umständen gelingt hier die Subsumtion unter die Betrachtungsweise der persönlichen Werte so leicht, daß sich dann einem »Kunstgegenstande« sogar ökonomischer Wert beimessen läßt. Aber solchem ökonomischen Werte liegt dann doch meist ein besonderer Kunstwert als Voraussetzung zugrunde, und dieser tritt in seiner Eigenart noch viel deutlicher hervor, wo er, wie namentlich bei Dichtung und Musik die Regel ist, sich gar nicht an Wirkliches gebunden zeigt. Eine gewisse Verwandtschaft der Sachlage beim Wahren ist nicht zu verkennen; doch soll die Untersuchung an dieser Stelle nicht weitergeführt werden, da den hier obwaltenden Verhältnissen in späterem Zusammenhange mit leichterer Mühe Rechnung zu tragen sein wird.* Ist das Verführung? Der Apfel liegt, angeschnitten.

Wert als Feld reifer Ähren, deren Duft; eine Bibliothek, ein Maisfeld, das einem die Wangen ritzt wie so viele Buchseiten. Durchstoßen einer Umwelt, ein Einsickern, letztlich eine Osmose, in sukzessiven Augenblicken, Einatmen der Luft, da sein in einem Kontext, in dem man einerseits wohl nichts zu suchen hat und andererseits geduldet wird und drittens unerlaubt sich herausnimmt, zu sein. Erotisch, dubios. Wie sier hier in diesem Waldraum mit Hühnern, wo jemand wohnt, wie man an den sorgfältig verstreuten Maschinenteilen deutlich sieht. Deswegen, nicht, weil das Gelände, das einst einem Strang des hawaiianischen Königshauses gehörte, Teil einer Golfanlage ist, die vor einigen Jahren an eine koreanische Betreiberfirma verkauft wurde, ist seihrne Präsenz hier nicht sehr legitim, und sier setzt brav die Füße auf den hübschen, von Füßen gemachten Weg, um zu zeigen, dass sier es weiß. Auf einmal stutzt sier, geht einen Schritt zurück. Da liegt etwas Bekanntes. Es ist die Gangschaltung des Fahrrads, das sier vor ein paar Wochen in Zeitnot bei der Bushaltestelle abgestellt hatte und am nächsten Morgen als Ruine vorfand. Als sier um sich blickt, springen ihrm andere Teile ins Auge: ein Bremshaken, die Klingel, ein Pedal. Das halbe Fahrrad ist hier ausgelegt. *Holy Fuck*, spricht eine Stimme in ihrm, die sier als sehr Haole wahrnimmt. Die Stimme distanziert sich demonstrativ, als würden Urteilende dabeistehen, von den irren Handlungen, die die Teile des von ihrm benutzten Fahrrads im Wald verstreut haben. Der Teileklau, oder sollte man sagen der Vandalismus, hat siehn wie mit der Schubkraft einer Explosion in die Rolle der Touristni zurückversetzt.

Je länger sier schaut, umso mehr macht das gesamte Ensemble von Motoren und Karosserien eine Art Sinn, den sier nicht bezeichnen kann. Wie Spuren eines Ereignisses, das man –

Jemand kommt durchs Gebüsch den Weg entlang. Auch von der anderen Seite. Blitzgedanken, ob Angst angebracht ist, rasender Puls. Den Berg hinunter schlängelt sich ein Hikingtrio, das sich über Bewerbungsgespräche unterhält. Von der Straße her kommen ein finster aussehender Mensch mit kantigen Bewegungen und drei Hunde. Sier räumt sich auf die Seite und sie stürmen in den Seitenpfad. *Go home*, hängt ein Knurren in der Luft, gerichtet an siehn und die Hikernnnie zusammen.

Psychonautik im öffentlichen Verkehr

R provoziert siehn vor der Tankstelle, als sier eine Dose Bier kaufen will und vergessen hat, dass die 7-Elevens in Uninähe keinen Alkohol führen. R lacht siehn aus, künstlich und campig, und schaut siehn dabei die ganze Zeit prüfend an, wie es gewohnheitstoughe Frauen oft machen. Sier duckt sich links und rechts unter Rs dicken Sprüchen weg und bleibt da, weil etwas an Rs Art, sich zu bewegen, mit ihrm spricht. Dabei nervt siehn der Stress. Wenn sier nur durchtauchen könnte.
Kennst du LSD, fragt R.
Nein, was ist das, flaxt sier.
Hier, steck das, meint R und schüttelt ihrm eine Pille aus einer Dose Atemschoner. Schaut siehn dabei ernsthaft, klar, mit Güte an. Mit der Entscheidung, das Allerdeppertste zu machen, ist sier schlagartig glücklich. Beim Warten auf den Bus kommt der Regen zwischen Rs Sprüchen, denen man nur zustimmen kann, aber sowieso nicht muss, herein. R spricht in Fragmenten, arge Geschichten, Heldengeschichten, Leidensgeschichten, in denen sie sich nicht unterkriegen hat lassen, generische Witze. R hat in ihrer Jugend scheinbar die ganze Hippie-Szene reiten können. Die Scheinwerfer des Busses kommen wie ein Wasserfall den Hügel herunter, und sier fühlt sich immer mehr wie ein Auffangbecken.
Ja, sie sehen Einzelteile, sagt R.
Was?
Deine Frage. Es ist Verschiedenes im Umlauf, meist dissoziativ. *You fall apart.* Und sehen vieles ganz genau.
Macht Sinn, sagt sier schüchtern, ausgelacht von freundlichen Händen, jetzt in der letzten Ecke der Rückbank des Busses, genau für das da, was sie jetzt machen. Vorzupreschen im Bereich anderer wagt sier nicht, seit sier sich nicht mehr für etwas Gutes hält, aber an der rauhen Hand einer Selbstbewussteren ist sier eifrig dabei, mitzuhalten. In der Reflexion des dunklen Fensterglases stolpert sier zwar einen Takt

wegen der Ironie, wenn Rs Finger durch seihrn Haar fahren und in Unkenntnis der Art, Gutes zu erleiden, bald seihrne Hände in naiver Erwiderung durch Rs Haar fallen, fragend in die Nähe dringen. R zieht entschieden seihrnen zweifelnden Arm um sich, versichernd, dass sier ihr gerade eine gewünschte Umgebung ist. So einfach ist es. Hände wissen. Hände wie von Maulwürfen, denkt sier dämmernd, wenn die Hände Wasser oder Zeit, Tage, Landschaft, Hemmungen, die gerade voraus waren, nach hinten schieben wie einen Vorhang aus jetzt und jetzt und jetzt, siehn heranziehend, auch in – in etwas ohne Namen, worin man deswegen doch nicht allein ist. Zeit quillt, schwillt und lacht, bildet ärmere und kältere Blasen, schwüle und schrille Momente, Algen und Wege, Quallen, mit dem Bus schaukelnde Köpfe und ruhige Rücken, die alles sehen und nichts. Sier ist? Dahin. Dahin, in die Gedanken, ist die Kiemenatmung evolutionär beim Menschen versunken.

Du bist ein Hai, lacht es von hinter Haaren, lieg mal still, relax. Die Gedanken sind Rauch, du musst nichts tun. Das ist kein Haole-shit, das sammelt die Sachen zusammen, lass es passieren, du bist o.k.

ハイ、murmelt sier, ohne etwas zu sagen, ハイカラ. Mit einer Menge Haaren zwischen Rs und seihrnen Lippen, aber nicht deswegen, lässt sier seihrne Haltestelle vorbeigleiten, ohne auf den Knopf zu drücken.

Die ganze Nacht tost das Laub eines Affenbrotbaums und sier sieht darin Gesichter. Die mit den Kontrasten verschwinden, als es Tag wird. Chaos tröstet, und knapp daneben die Ordnung des Atmens einer Schlafenden, die alle zehn bis fünfzehn Atemzüge schnarcht.

Wir müssen unsere Worte mit bestimmten Geräten verankern, sodass sie ihre Bedeutung unseren fortschreitenden Auffassungen der Dinge, auf die wir sie anwenden, angleichen können, schreibt der mystische Pragmatiker Charles Peirce 1861. Vielleicht ist Metaphysik nichts anderes als die unmögliche Wissenschaft der Strömungsphysik: Jeder Punkt in einer in Bewegung befindlichen Substanz – gasförmig, flüssig – tauscht kinetische Kraft und Ladungen aus mit allen ihn umgebenden Punkten, in allen Momenten.

Mit dem ersten Licht folgt sier R, die seihrn Handgelenk nimmt, aus dem labyrinthartigen Haus, in dem in jeder Ecke jemand atmet, hinaus. Sie stehen vor den Felsen. R wirft ihre Hand durch die Luft.
Berechne das mal. Sagt R. Berechne das, und du kotzt einen Stern.
Sie greift in eine Aludose und streut Korn über die Köpfe der Hühner. Ein Reiher gesellt sich zu den Hühnern.
Erinnert mich an Nietzsche, murmelt sier. Die Vögel übertönen das, zu seihrner Erleichterung.

Musst du nicht zur Uni?, fragt R.
Doch, sagt sier und geht.

Was ist mit zahlen?, ruft R ihrm nach.
Liegt neben dem Bett, sagt sier.
R rennt ins Haus.

Thunder-Apps

Die Mitglieder der Statistik setzen einen Fuß vor den anderen.
Wann es zu viel wird, sieht man am Abrieb der Steine,
ein Weinen in roten Staub, wie eine Baumwunde, Staub
im Abgleiten von Sportschuhen aus Memory Foam.

10 von 10 Punkten, das betrifft die Aussicht.
Die Aussicht ist der Service, als wäre dier Wanderrnie hoch.
Ich ging in die Berge, um zu verschwinden,
jetzt seh ich die Tritte, wo ich als Statistischre,
als anderre bereits, mehr als mir zusteht, war.

Der Abrieb teilt mich, nun bin ich hier und kann nicht fliegen.
Lesen halt, im Bus hinunter, durch die Lichter der vielen,
zurück, zurück zur Pflicht, zurück in den Mond, der gerade auf-
geht.

Ein Kubus, aus den plausibelsten Daten
aus Millionen Kubusdarstellungen im Internet
errechnet, so ein beinahe perfekter Kubus.
Stell dir vor, wir verlören die Formel,
sähen sie an und verstünden sie nicht mehr.

Nachts vor dem 7-Eleven mit Spaceships,
mit Provokationen sprechen. Leise bleiben,
schüchtern immer wegschauen und immer wieder hin.
Wer sich noch was vom Wort erhofft und wartet,
zuckt zusammen   , berührt von kalter Hoffnung,
und die Obdachlosen lachen gekünstelt und rauh.
Gott ist schon lange tot, aber am Wort hängt noch Fleisch.

Sinn findet sich in den Mülleimern,
Wert bekommst du in den Augen,
Schutz vorm Regen, da hilft ein großer Baum.
Horror: das sind die Gedanken,
ihre Klauen, ihr Klauen von Sinn,
Dolche, Gefühle,
Verknüpfungen wie die Haupt-
und Nebenstraßen von Schmerz
und die Sätze von *longing*.

Dreh die Hand mit der weichen Fläche nach unten,
als würde sie auf die Dinge fallen wie Luft und warmer Regen.
Keine Scheu.
Fall auf die Felder wie eine Hand, ein Spaten, ein Regen, wie Enten.
Atme, sei hier, komm, es ist o.k.

Bin ich halt Erde, kannst du da sitzen.
Bin ich halt Blatt gleich und wende mich ab, wenn du kommst.
Wenn du das Schicksal bist, bin ich jemand, dier nicht daran glaubt;
willst du einen Weg bauen, nenn mich Mure,
ich komme.

Nicht dreh die Hand mit allen Weichen nach oben,
das verzeihen sie dir unten und oben nicht.
Die Sachen, die hineinfallen, könnten dich verletzen,
dich vernichten und kränken, und du merktest es gar nicht.

Deswegen macht man Deckel auf die Zaunpfosten,
Gläubige haben Sachen auf dem Kopf,
das ist nicht Wasser. Ich ruf dich nicht an,
und du, Bächlein, du rufst mich sicher auch nicht an.

Kalauao, hinter Sumida Brunnenkressenanbau, umringt vom Einkaufszentrum

Müllsammeln ist Traumarbeit
Fetzen von kompostierbarem Plastik, die zwischen den Fingern zerfallen,
sich über die Gegend verteilen und auf den Wind, außer wenn
du sie werfen willst   dann bleiben sie an der Haut
Metapher klebt   die letzte Verstärkung
bist du   *Digga*
in diesem Zwischenraum zwischen Aluschutzblech und der Langhütte,
bewohnt von Schaben, die irritiert ihre Brut verlassen, die irritiert ausschwärmt
Es riecht unklar nach Fäkalien, Urin, Cola
Es ist zu steil und zu sehr Dornengestrüpp, als dass Leute hier
scheißen gehen würden, aber wahrscheinlich
hängt man die Popos von Kindern über das Schutzblech
Der Ort ist lange schon geschützt von den Dornenranken
Verstreut darin sind die abgerissenen Diebstahlschutzvorrichtungen
Getränkedeckel in Stapeln
Strohhalme aller Art
Riesengetränke

Reich mir den Lopper – gib mir die Cyndi –
– *you can Cyndi-Kate anyone you want* – Bushido, altes Gestrüpp,
ich schneide unendliche, reizende Taillen durch, Taillen, die sich
durch die Kronen der Bäume schlängeln von der Wurzel bis
zum Ende, Taillen von Geschwistern, die Lianen sind,
schwierigen Geschwistern

Ich lerne zu schweigen
                    die Wortspiele kommen und gehen wie

die Sonne hinter den vagen Wolken, den raschen, niedrigen
tiefergelegt wie dein Tacoma, Kleiner

Eine Sonne scheint hier
eine andere auch
ein Radio läuft
mit einem Kanon von Liedern
wie jemand anderes Wasserflasche

Der ehemalige Gewichtheber gehört jetzt diesem Land,
ein Träumer und Rhetoriker, ein Mann der Kirche,
und dann die, die weiterarbeitet,
while the dreamer shares his dream with us,
an den dicken Stamm des Dornenbaums gelehnt.
Er überlege, ob er die Palmen fälle,
die *Niu*, obwohl man natürlich nie eine *Niu* fällt,
aber sie machen den falschen Eindruck bei den
Konsumentennni des Einkaufszentrums,
das uns immerhin umringt.
Ich frage mich, wie es aussehen wird, sagt er.
Sier denkt an das botanische Gärtchen im Museum.
Sier denkt an die schwarzen Planen um die einheimischen Pflanzen.
Sier denkt, was sier immer für unpassende Kleider habe,
und ist für Schutz für die Komplizierten, für immer alle Fehler.

Der Mann der Kirche macht ausführliche Witze,
unter deren Last die Bekannten stöhnen.
Er ist gut, und er reißt mit seinen Muskeln Bäume um,
wie man ein Kind in die Luft hebt.
Leise weiter sammle ich Müll ein,
und nicht alleine.

Push to cross

Ich und das lange Gras
und nächste Woche
das geschorene Gras und ich

und die kleine Alubrust, die man drückt, um über die Straße zu gehen – Gnade!

Schweigen

Was sie sagen,
die Vorfahren,
geht uns vielleicht gar nichts an.
Wir sehen, was sie tun, was sie taten,
aber ob es sie waren?

Ich könnte in die Bibliothek gehen
und lesen, was eigentlich gemeint war,
und schreien.
Ich könnte die Blödheit im Schnitt der Steine,
vermergelt mit Weisheit, erkennen
und schreien,
eingemauert in diese Geschichte.

Es muss Geschwister geben   (alle so Schwesta, Bruda, Cousin)
unterschiedlich reagierend auf den gleichen Schas,
gleich (gemeinsam) im Unterschiedlichen,

und ich bin blöde   zu meinem Glück
wie ein Götterbaum ein, zwei Meter wachsend im Jahr,
das kann ich,
mit dem ganzen Körper in die Bewegung lehnen.

Die Anleitungen: Was sagen sie, was – wohin fallen sie,
dahin fallen wir auch   und dann sagen wirs nicht.
Schau mich an,
wir sind die Ruinen
für alle Idyllen,
wir sind die Minen
für Ironie

Ka‘ena Point

Fischernnnie in der schwarzen Lava spähen ins
Wasser wie sier ins Kanji-Wörterbuch, halbwegs kundig, also du
weißt, wo du nachschaust, immer lernend, auf Glück hoffend.
Sier zwängt sich in einen schmalen Felsschatten am Rand der
Bucht. Draußen branden Wellen an. Hinter dem Horizont, kann
man wissen, liegen Alaska, die Aleuten, die Kurilen, der
Nordpol, irgendwo Japan, Kalifornien.
Von hier wurden vor langer Zeit frisch verstorbene Tote verabschie-
det.
Der Strand selbst besteht aus abgeschliffenen Korallen, die
aussehen wie Torsi und Embryos.
Seihrn Arm, seihrne Hand spielt mit ihnen, wie etwas Zufälliges,
wie mit etwas Zufälligem, so versucht sier zu sein.

Ka‘ena da. Albatrosse. Sie kommen, um zu brüten, sind
aufgekratzt, aufgeräumt, die Flügel groß und lang, Messer,
Migrantennni. Bereit, hier Eier zu legen, eine Weile froh zu sein.
Bringen unverhältnismäßig viel Freude mit, finden es originell,
an Land zu sein, meint sier, sie beobachtend.
au heißt »ich«
a‘u heißt »mein«
‘okina der Glottisschlag
die Todesglocke der Herzschlag das Verderben, Oxidation –

Eingeführte Nagetiere begannen vor ein-, zweihundert Jahren,
die von den Albatrossen gelegten Eier zu fressen. Die
Albatrosse kamen weiter jedes Jahr, wunderten sich wohl über
das viele Pech. 2011 wurde ein Zaun errichtet, der die Nagetiere
von Ka‘ena Point abhalten soll.

Eine Eisenbahn wurde gebaut, zum Gütertransport, war bei Menschen beliebt.
Ein Tsunami schwemmte die Strecke weg.

Die Korallen
die erodierten Korallen
der Beach aus erodierten Korallen
der weiße Beach aus weißen erodierten Korallen

der weiße Beach aus weißen erodierten Korallen, umgeben von schwarzen Lavasteinen
der weiße Beach aus weißen erodierten Korallen, umgeben von schwarzen Lavasteinen und darauf schwarze Lavasteine
Ich habe mich in ihren Schatten gelegt.

Was weiß ist, ist nicht warm, ist ganz kühl. Wirft das Licht zurück.
Die Korallen sind tot und wiegen leicht, da innen leer.

Hohle Knochen ermöglichen,
dass große Vögel, Albatrosse sogar,
mehr oder weniger in der Luft
leben.

Als Schnitte leben oder Luft,
als Schnitte leben der Luft,
auf schmalen Flügeln, Schneiden,
aus schmalen Flügeln bestehend, schwer aber
aussehend, wenn sie am Boden
kampieren, schnäbeln,
unruhiger dabei
als andere Vögel, die den Boden gewohnt sind.

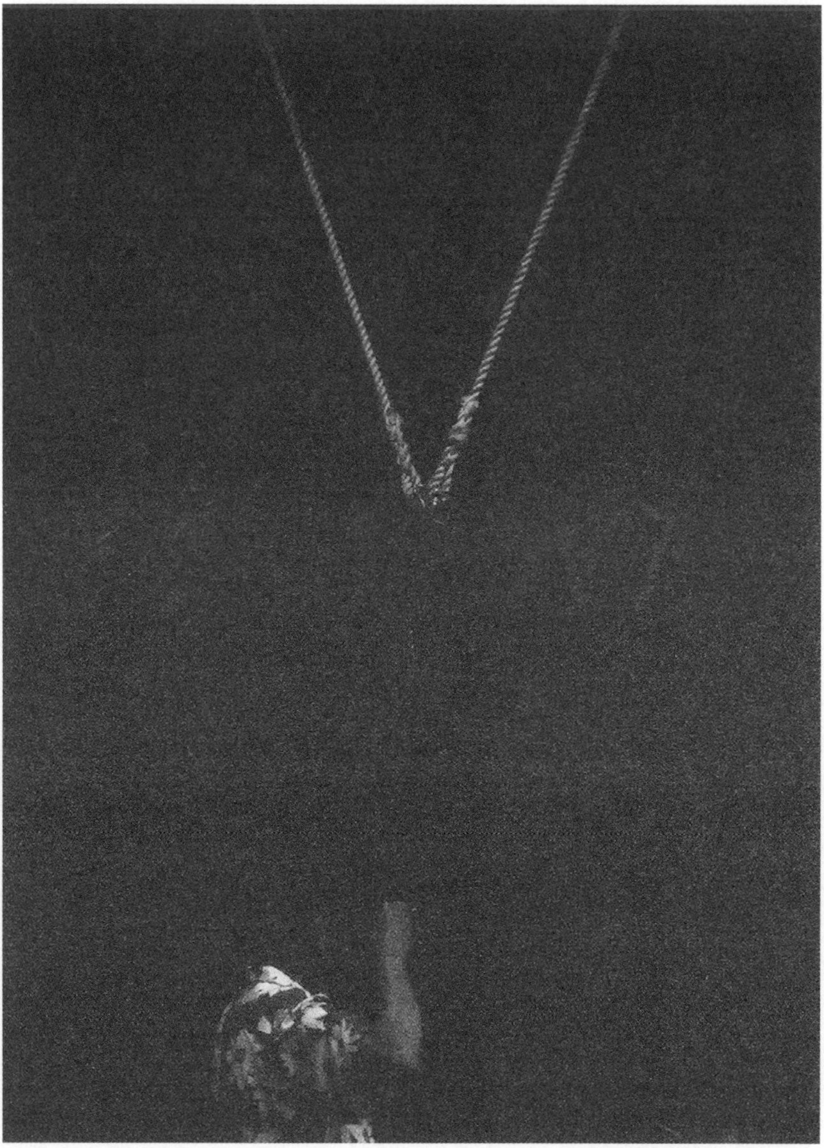

Windseite

Eines Nachts bist du am cruisen und fühlst dich wie ein längst
gestorbener Popstar, ein untoter Johnny Depp, mit der
Partnerin des Monats, die du magst, nicht gut kennst, auf der
Heimfahrt vom North Shore im Stau, ohne Hoffnung, ohne
blöde Gedanken, einfach froh, hier zu sein. Und du drehst den
Motor ab, drehst die Musik laut, Hawai'i Public Radio, Klassik,
früher Abend, Dämmerung, die Show heißt *Put something on.*
Du weißt, wie Benzin kalkuliert wird. Du befindest dich auf
einer Straße, die man ein Mal im Leben fährt. Und mitten darin
lebst du einen Moment lang dieses luxuriöse, Schalter-flippende,
Bürger-Klasse-Intelligentsia-Leben in damit völlig
unzusammenhängenden Tropen, hörend Prokofjews 7te
Symphonie, während die schwere Luft, besser: die süße Einfrier
der Missbräuchlichkeit, an allen Seiten an dir vorbeitrottet.
Du stehst in der Prozessualität vom Surfing Techno,
der Muße und dem Fleiß zugleich und insgesamt,
weißt, du bist ja immer nur dort, wo Asphalt ist,
du kamst vielleicht auf die Welt, um ein Albatross zu sein,
aber du weißt immer noch nicht, wie das geht.

Zurück in der Abwesenheit

Die Zeit schließt sich um siehn, als wäre sier nie weg gewesen.
Ein Sumpf. (Die riesige Frau, die am Flughafen weinte und
weinte, während ihr Kind herumwanderte.)
Der Auwald, er schließt sich gar nicht, er weht, weht dahin,
immer da und immer abwesend.
Als wären alle Toten, alle verflossenen Gelegenheiten da.
Haare, quellend, noch quellend, in alle infinit denkbaren
Richtungen, diffundierend, so weit die Vergangenheit reicht,
so lang, wie man sie tragen kann (immer im Weg).

Die alten Linien, der alte Sprung in der Platte, ein Riss im Hirn,
in das seihrne Jahre verschwunden sind,
wie ein Hund, dier seihrne Kleinheit verloren hat,
den Mund aufmacht auf der einen Seite vom Tor,
und niemand kommt und schließt ihn ihrm.

Wenn jemand fragt, wie war Hawai'i, dann sagt sier am Anfang
darauf dies oder jenes, wählt etwas aus, wie früher, wenn sie
fragten, wie Japan war. Aber es ist besser, solche Gespräche gar
nicht zu beginnen. Normal, antwortet sier jetzt.

Ich war im Land der Göttennni
sie rauchen Gras in der Dämmerung
sitzen auf Kartonstücken auf grünen Teppichen
Karten spielend
mit runden Rücken, her gehörig
pali ke kua, mahina ke alo

später zeigen das Gesicht

vielleicht
                    Ob es die Wolken

        Menschen

Ich war im Land der Göttennni
sie fahren große Trucks
mit riesigen Fahnen
lauter Musik
sanft und gefährlich

und man will ihnen gefallen
und man sieht, es ist unmöglich
man sieht aus wie was man ist
ein kleines Stück Kuchen

Ich war im Land der Göttennni
sie gingen an mir vorbei
und ließen mich passieren
zeigten mir, wie sie sind

Also bin ich ab jetzt ruhig
seit ich weiß, dass sie da sind
lös ich gern mich auf in Regen
trenne mich in Flaum und Sinne
Auwaldpappelblätter: deren Unterseiten,
bewegt, meistens,
im Wind

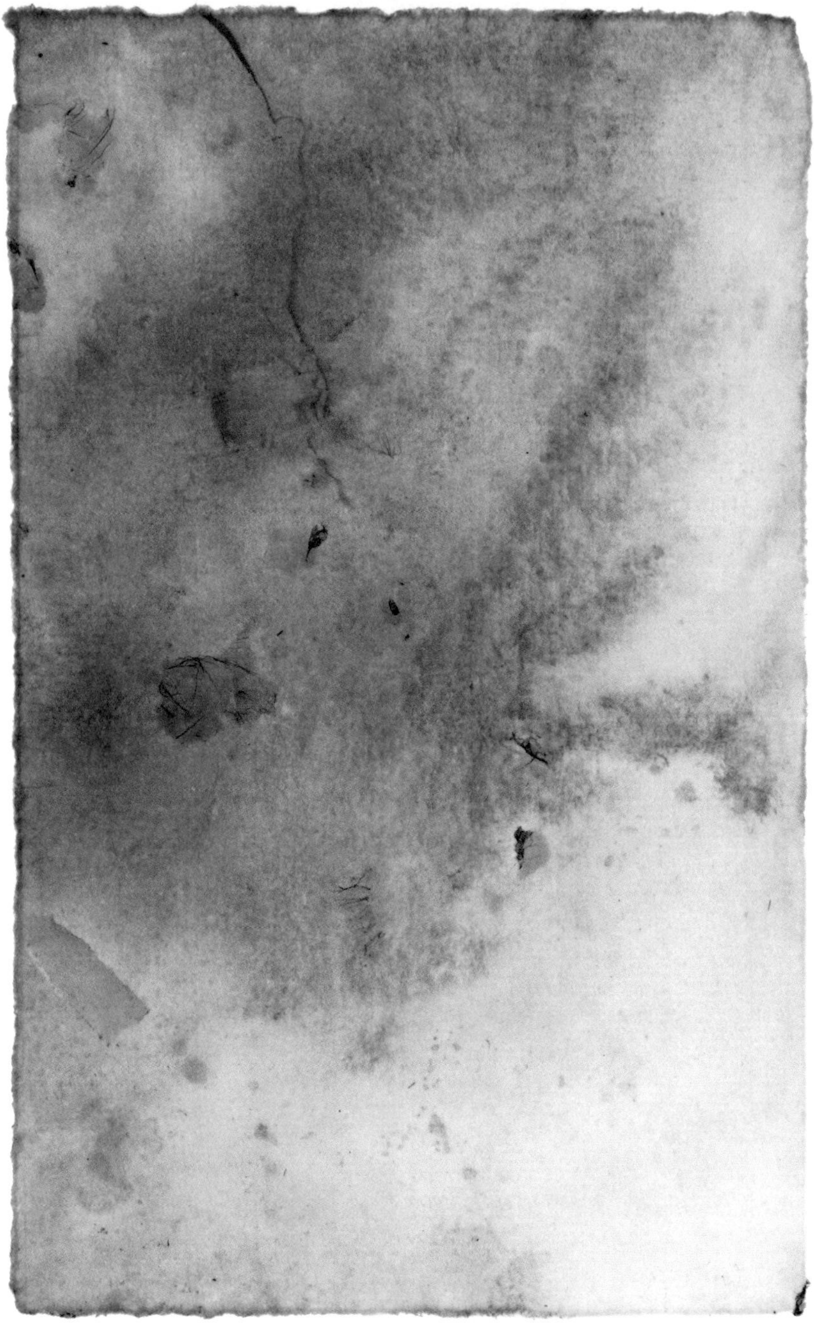

Glossar

S. 10 **Suika**: 西瓜、水瓜、スイカ … Wassermelone. Nachfolgeschiff der Yamabōshi mit State-of-the-Art-Technologie, die aber auf manche Arten nach hinten losgeht. Die Yamabōshi (Hartriegel) ist ein Spionageschiff einer imaginären japanischen Raumschiffflotte aus der Zukunft bzw. der Vergangenheit. Das ist aber eine ungeschriebene Geschichte. In Wirklichkeit liegt die Suika unter dem Kommando eines Kapitäns, dem dier Verf. zu Dank verpflichtet ist, bei der U1-Station Alte Donau vor Anker. Die Alte Donau ist ein vom Hauptstrom abgetrennter Strang, der noch da ist …

ausländerisches: ausländerisch für »ausländisch«, gelernt von einerm sehr gemochten Ausländani.

Der Term ***stub*** für einen abweichenden Strang der kausalen Zeit stammt aus William Gibson: *The Peripheral*. New York, 2014.

Die **Relativistische Flotte** fährt unter dem Kommando des Autorennnipaars Angela und Karlheinz Steinmüller durch das von ihnen in mehreren Büchern vorgestellte Universum.

S. 11 **ohimè**: Ausruf aus der frühen italienischen Oper, quasi: oje!

In China Miévilles *Embassytown* ist **immern** die Navigation des »Immer«, einer Gegend des Alls bzw. dessen Substanz bzw. dessen Medium.

S. 12 **以心伝心** (*ishin denshin*): direkt übersetzt »ähnliches Herz Herzübertragung«, quasi grob gesagt Telepathie; bedeutet für verschiedene Usernnnie etwas anderes, je nach ontologischen Grundvorstellungen; hier unzertrennlich von Ferne.

S. 23 **汚れ** (*yogore*): ein Fleck, Dreck

S. 29 **Ika** ni shite mo: **いかにしても**、wie man es auch dreht und wendet

イカ (*ika*): Tintenfisch, **以下** (*ika*): wie folgt / von hier an abwärts, ま 、良いか (*ma, iika*): ach, nun lassen wir es vielleicht damit gut sein. 何 (*nani*): was

S. 31 **己れを見だす** (*onore o midasu*): erkenne dich selbst / betrachte / erforsche dich selbst

ore schreibt man nur mit Kanji: 己

乱す (*midasu*): durcheinanderbringen

塩がない (*shio ga nai*): es gibt kein Salz, ähnlich lautend zu **仕様がない** (*shō/shiyō ga nai*): nichts zu machen

存在、あるいは有 (*sonzai, arui wa yū*): Existenz bzw. Sein

已に (*sude ni*): schon, zu spät

茄子 / ナス (*nasu*): Melanzani

なさそう (*nasasō*): schaut nicht danach aus

S. 32 **Göttennni**: Im polnischen Gendering, behauptet dier Autorni, gebe es für Göttennni und ähnliche Formen eine vom terrestrischen »r« bereinigte Form, d. h. eine Form, wo das »r« fehlt.

S. 35 **rōmaji**: ローマ字, Alphabetschrift

S. 36 Nach William **James** versammeln sich neue Ideen oder Konzepte – Schemata könnte man meinen, oder Schemen – am Rand, an den *fringes* des Bewusstseins, bevor sie, manchmal mit einem Schlag, eintreten.

S. 41 **ワンピース** (*wanpīsu*): Kleid

S. 43 **'Āina**: Bewohnte Gegend (Land oder Meer)

S. 52 **Tupi** bezeichnet einerseits eine Reihe von Dialekten, andererseits eine Sprachfamilie; die Variante der Region um São Paulo war Grundlage für die *linguae francae Língua geral austral* und *amazônica* und wurde von Jesuiten gelernt und schriftlich dokumentiert. Mit einer neuen Einwanderungswelle nach der Entdeckung neuer Rohstoffe im 18. Jahrhundert begann der Rückgang der Sprache. Tupi ist ein Teil des brasilianischen Wortschatzes und mit Tier- und Pflanzennamen wie Ananas, Jaguar, Piranha oder Tapir auch des globalen Vokabulars, überall, wo Importwaren und Zootiere auf Kinderkleidung gedruckt werden bzw. diese Kleidung getragen wird.

S. 54 **Pidgin**: Hawaiianischer Créole / Sprache / Dialekt / Sprechstil, derssen Ursprünge auf das 18. Jahrhundert zurückgehen, als Hawaiianernnnie mit Seeleuten aus der ganzen Welt kommunizierten. Später wurde der Stil von Arbeitenden auf den Plantagen weiterentwickelt, die aus verschiedenen Ländern zusammenkamen.

S. 59 **S. Nagatomo**: *A Philosophical Foundation of Miki Kiyoshi's Concept of Humanism.* Lewiston, Queenston, Lampeter, 1995.

S. 64 **One already**: Beyoncé, Shatta Wale, Major Lazer: *Already*, auf dem 2020 von Disney produzierten Videoalbum *Black is King*: ein beeindruckendes und zugleich problematisches Kunstwerk, weil die Ästhetik der US-amerikanischen Diaspora Afrika-Klischees zu einer campigen visuellen Symphonie verarbeitet, die extrem beeindruckend, aber auch bestürzend und verstörend wirkt, besonders für Afrikanernnnie, die ihren Kontinent disneyhaft misrepräsentiert sehen. Faktisch ist das oft eine Sicht der afrikanischen Diaspora, denn in den meisten Ländern auf dem afrikanischen Kontinent ist der Film, der auf Disney+ lief, gar nicht zu sehen. Er ist aber wohl auch eher für afroamerikanische Kinder gedacht, als eine Art Verführung, Brücke, Vermittlung, Feier und Aneignung der medialen Produktionsmittel.

S. 68 **ёжик в тумане · Їжачок у тумані**: Igel im Nebel

S. 69 **шапка невидимка**: Unsichtbarkeitskappe

S. 78 **weiß**, hier und sonst: Es geht nicht primär um die Hautfarbe; auch wenn sie als Einfluss auf die Leben derer, die in ihr stecken, nicht wegzudenken ist, will ich die Verhärtung der Membran eigentlich nicht mitüben, indem ich diese Grenze nachziehe. Viel mehr Besprechbares, Problematisches und Änderbares steckt in der »weißen« Verhaltenskultur: bestimmte, charakteristische Arten zu nerven.

S. 80 **Dauerhafter Missbrauch von Berliner Bier** ist ein Zitat von Alexander Krohn. Ich glaube, aus *Center Shock*. Gedichte 2009-2010. Oberwaldbehrungen, 2010.

S. 82 **Mo'olelo**: Wahrheit, Mythos, historische Fakten, eins.

S. 84 **一つ〜の** (*hitotsu~no*): ein
太陽 (*taiyō*): Sonne

S. 93 **Haole**: weißer Mensch auf Hawai'i

S. 96 **意思** (*ishi*): Wille
石 (*ishi*): Stein

S. 97 ***You make my day full of mining***: Ein Untertitel des Songs *Little Apple* von den Chopsticks Brothers (2014), erweitert von T-ara, produziert von Shinsadong Tiger. Die großartigen englischen Untertitel stammen möglicherweise von den Hosts des Channels ThailandCabaretShows, die auch eine ausführliche einführende Erklärung bereitstellen, die ich hiermit leicht verkürzend ins Deutsche übersetze: »*Little Apple* von den Chinesischen Chopsticks Brothers wurde im Sommer 2014 sehr populär, und im November brachte die K-Pop-Girlgroup T-ara eine koreanisch-chinesische Coverversion zusammen mit den Chopstick Brothers heraus. Anfang 2015 gehörte es ins Repertoire von fast jedem Kabarett in ganz Thailand: kurz vor Neujahr, wo viele chinesische Touristen in Thailand Urlaub machen. Vielen ist aufgefallen, dass in dieser Saison besonders viele asiatische und weniger russische da waren. Sowohl in China als auch in Thailand tanzen Gruppen von Frauen mittleren bis höheren Alters gerne in Quadratformation in Parks, um fit zu bleiben, die als ›tanzende Omas‹ oder ›Aerobic‹ bekannt sind. Die poetische Spannung der thematischen Breite des Videos, in der auch Bae Seul-ki vorkommt, und das expressive Chinglish triggerten die Kreativität der Netzbenutzernnnie, die weitere Tausende Coverversionen online stellten, wobei Armee- und Arztthematik sowie Parodien von Kim Jong-un besonders beliebt waren, sodass sich Nordkorea gezwungen sah, um die Entfernung des Videos zu bitten, das als respektlos …« Vgl.: http://www.thailandcabaretshows.com/little-apple-mania-in-thailand-cabaret-shows, zuletzt aufgerufen am 11.01.2023.

S. 99 **like medal? / throw pahty!**: Zwei Reaktionen auf Angeberei im hawaiianischen Pidgin. Vgl.: Douglas Simonson, Ken Sakata, Pat Sasaki: *Pidgin to da Max*. Honolulu, 1981.

S. 103 **pono**: korrekt

S. 104 Kuki Shūzō: *Zufällig entstandene Wortspiele*. Übersetzt von dier Autorni. Im Original: 九鬼周造『偶然の産んだ駄洒落』「九鬼周造随筆集」菅野昭正編、岩波文庫、岩波書店 auf: https://www.aozora.gr.jp/cards/000065/card4402.html, zuletzt aufgerufen am 11.01.2023.

S. 110 **Kapa**: aus Wauke geklopftes Stoffpapier der Hawaiianernnnie

S. 117 **焼物** (*yakimono*): Töpfereiware

S. 118 **Äußere Mahü**: Äußere Mariahilferstraße, Wien. Die Innere Mahü ist die traditionelle Einkaufsstraße, die vom Ring zum Gürtel führt. Die Äußere setzt sich Richtung Westen fort und hat mit weniger bzw. auf eine andere Art internationalen Geschäftslokalen einen ganz veränderten Charakter, jedoch sind sie wie zwei Seiten derselben Münze.

S. 122 **錆** (*sabi*): Rost

Alexius Meinong: *Zur Grundlegung der allgemeinen Werttheorie. Statt einer zweiten Auflage der »Psychologisch-ethischen Untersuchungen zur Werttheorie«*. Hg. von Ernst Mally, Graz, 1923.

S. 123 **Wauke** (Broussonetia papyrifera): eine Art von Maulbeerbaum

S. 125 ***Die Sterne sind da, weil jemand sie braucht***: in Wladimir Majakowskij: *Hergehört!* Im Original: *Послушайте!*, 1914.

S. 126 ***maquis***: wörtlich Gestrüpp oder Unterholz, Bezeichnung für die als Guerilla organisierten Widerstandskämpfernnnie im Spanischen Bürgerkrieg, im besetzten Frankreich, im Freiheitskampf Algeriens.

S. 130 **ハイカラ: はいからはくち** (*Haikara Hakuchi*) ist die fünfte Nummer auf dem Album 風街ろまん (Kazemachi Roman) von Happy End, der Band von 細野晴臣 (Hosono Haruomi), 松本隆 (Matsumoto Takashi), 大瀧詠一 (Ōtaki Eiichi) und 鈴木茂 (Suzuki Shigeru), 1971. Die Phrase haikara bezieht sich auf den Ausdruck »High Collar«, mit dem Japanernnni Anfang der Meiji-Zeit, Ende des 19. Jahrhunderts, Japanernnnie bezeichneten, die sich der westlichen Mode hingaben, die zum Teil vorgeschrieben wurde. Im Lied von Happy End kann man es aber auch in der Bedeutung »weil high« verstehen.

S. 139 **Kanji**: 漢字, die sinojapanischen Schriftzeichen

S. 140 ***Ich habe mich in ihren Schatten gelegt***: Zeile aus *Wenn ein Mensch lebt* (1973) von den Puhdys

S. 145 ***pali ke kua, mahina ke alo***: Fels der Rücken, Mond das Gesicht

Abbildungen

Inhalt